百岁贺旺年

集邮文化丛书之六

◎王静 肖鹭珊 著

人民邮电出版社
北京

图书在版编目（CIP）数据

百岁贺旺年 / 王静，肖鹭珊著. -- 北京 : 人民邮电出版社，2018.1
（集邮文化丛书 ; 六）
ISBN 978-7-115-47465-0

Ⅰ. ①百… Ⅱ. ①王… ②肖… Ⅲ. ①集邮－概况 Ⅳ. ①G262.2

中国版本图书馆CIP数据核字(2017)第311569号

内 容 提 要

从一百四十年前中国第一枚邮票诞生起，小小的邮票就始终扮演着邮资、艺术品和收藏品的多重角色，沧桑风华，不尽其数。2018年《戊戌年》生肖邮票由一位年近百岁的老人担纲设计，他被称为新中国的“国家形象设计师”，也是第一轮生肖狗票的设计者——周令钊。在成功邀请了黄永玉、韩美林后，此次陈龙团队又经历了怎样的波折，第四轮生肖狗票如何数易其稿、最终诞生，以及2017年邮票发行背后那些不为人知的故事，这本纪实小说都有交代。

◆ 著　　　王　静　肖鹭珊
责任编辑　苏　萌
责任印制　周昇亮
◆ 人民邮电出版社出版发行　北京市丰台区成寿寺路 11 号
邮编　100164　电子邮件　315@ptpress.com.cn
网址　http://www.ptpress.com.cn
北京瑞禾彩色印刷有限公司印刷
◆ 开本：720×960　1/16
印张：18　2018 年 1 月第 1 版
字数：216 千字　2018 年 1 月北京第 1 次印刷

定价：60.00 元

读者服务热线：(010)81055339　印装质量热线：(010)81055316
反盗版热线：(010)81055315
广告经营许可证：京东工商广登字 20170147 号

目录 Contents

第一回

生肖团队再寻大师　曲径通幽初登周宅

2016 年 9 月 13 日一早，陈龙这天没有像往常一样去上班，而是坐车飞驰在北京三环路上，旁边坐着尹虎，武马照例坐在副驾驶位置，未洋坐在最后一排。

秋日的阳光温馨恬静，微风和煦温柔，蓝天白云下的北京城，澄明通透。地面蒸腾的热气如游丝般所剩无几，冷冽仍然未至。偶尔飘落的树叶像蝴蝶一般翩跹旋转。

陈龙和尹虎、武马、未洋一行四人在车里计划着将要谈论的事情。他们无心去欣赏沿路的风景，一会儿要见的这位老先生，就是第一轮生肖狗票同时也将是第四轮生肖狗票的设计者——周令钊。

这生肖狗票的设计者究竟是谁，全中国只有车上这四个人心里清楚，此行结果如何，他们心里有着各自的忐忑。

一个半月前陈龙拍板决定请周令钊老师设计生肖狗票后，尹虎心里就没有一天不想着这件事。

打从第四轮猴票开始，联系设计者就是他推不掉的一项任务了！

接到任务的当天晚上，尹虎就在同学微信群里发了个公告：“亲爱的同学们，谁还有周令钊老师的女儿——周容老师的电话？求提供，求线索！”

不一会儿，大家你一言我一语开始帮着尹虎“人肉搜索”周容老师的电话。

“尹虎，毕业这么多年了，怎么又突然开始找周容老师的电话了？要回去看看老师吗？”

“我就是突然挺想周容老师的，想去看看她，别废话了，快帮我找找啊，老同学，你神通广大，快快快，着急着呢。”尹虎知道团队的纪律：不到该说的时候一个字都不能透露，现在约请周令钊老师设计生肖邮票的事，还在保密阶段，一个字儿都不能透露！

要说尹虎这个方法好，没过几个小时，周容老师的电话就落实了。尹虎看了看手机，决定明天一早就给周容老师打电话。

说起来也奇怪，一整天了，尹虎已经连着给周容老师打了好几个电话，可一直没有打通，电话那头雷打不动地用双语礼貌地“拒绝”了尹虎：“对不起，您拨打的电话暂时无法拨通，请稍后再拨。Sorry! The subscriber you dialed can not be connected for the moment, please redial later.”

尹虎郁闷地挂了电话，心里有种不太好的预感，周令钊老师年纪那么大了，该不会是他现在已经拒绝外界一切联系“归隐”了吧？

第二天，依旧无果。

第三天，尹虎开始琢磨着寻找周老师家里电话，或者找找周容老师弟弟的电话。不能这样一直等下去！郁闷的尹虎坐在餐桌前喝着啤酒，眼前就一盘花生米。爱人和孩子出去旅游了，把他一个人扔在家里，是啊，任务没完成他哪儿能有心思出去旅游。

尹虎一边喝着，一边漫无目的地换着台。

《挑战不可能》是尹虎很喜欢看的一档电视节目，他一直觉得这个节目充满着正能量，展示了很多普通人为了心里涌动的那份不安分的理想，通过大量艰苦的训练完成了在平常人看来不可能完成的挑战。这份不放弃的勇气和坚毅深深打动了尹虎。

生肖邮票不就是这样吗？他们始终刷新着自己以为的极限，在生肖票约稿的道路上越走越通顺。

不能放弃！

借着酒劲，尹虎试着又拨出了周容老师的电话。“嘟……嘟……嘟……喂？你好！”

那句话叫什么？“黄天不负有心人！”尹虎不敢相信地瞪大了眼睛，迟疑了几秒钟。

“喂，你好？请问你找谁？”

“周老师！请问您是周容老师吗？”

“我是周容，你是哪位？”

“周老师，我是尹虎，您教过我。”

“哦！尹虎，你好，我记得你。”

“周老师，您记性太好了，我给您打电话，是有一件事想和您商量一下。”

“好的，尹虎，有什么事，请讲吧。”

“周老师，您知道，您的父亲周令钊老先生是第一轮生肖狗年邮票的设计者。目前生肖邮票已经到了第四轮，我们这一轮的第一枚猴票就是请第一轮的设计者黄永玉先生设计的，所以我们也有一个想法，就是请第一轮设计者再设计一轮生肖邮票，后年就是狗年，这一轮的狗票我们想请周令钊老师出山，韩美林老师也力荐他老人家，说让我们一定做通周令钊老师的工作，请他设计，除了他，没有更合适的人选了！但毕竟 34 年了，周令钊老师也 97 岁高龄了，我们不知道周老师的身体情况以及他个人的意愿是否能答应这个请求？”

尹虎就好像生怕对方电话不知什么时候会断掉一般，他语速极快地一口气说完了自己的诉求，像一个落水的人奋力抓住最后一根救命稻草。

对方没有回答，时间一秒一秒地过去，尹虎听到自己心里仿佛有一根秒针在走着，咚、咚、咚，秒针越走越快。过了好久，尹虎开始紧张：“周老师，我是不是说得太快了？我再向您解释一下好吗？”

“不用，尹虎，我听懂了，这样吧，我问问父亲，毕竟这是一件大事，他年龄大了，对这项工作肯定会很在意，不会随便应付，好吗？给我几天时间，我和父亲商量一下，给你回复。”

“好的，周容老师，拜托了，请尽快给我一个回复，时间比较紧张，如果定了，我们想多给周令钊老师一点时间去创作。”尹虎在电话这头不敢迟疑，将时间的紧张性也向周容老师和盘托出。“周容老师，您还有别的联系方式吗？您的手机好像……”

“哈哈，尹虎，你加我微信吧，我平时在家里照顾父亲，家里信号不好，经常接不通，但是微信我可以收到。有事儿微信更快。”

得到许可，尹虎立马将周容老师加为好友。剩下的就是等待着周容老师的回复了。

“陈龙，我联系上周容老师了，她答应去和父亲商量一下，咱们就等等消息。”

“好的，辛苦了尹虎！你再帮周令钊老师找点资料，一旦老人家答应了设计邮票，咱们的资料就要跟上。”

陈龙又交代了几句，尹虎有点高兴，又有点郁闷，五味杂陈。高兴的是周容老师答应了尹虎说服父亲。郁闷的是，陈龙有可能还会催他。这个陈龙，只要认定的事情准会“一根筋”地努力。当然，让尹虎更放心不下的还是周容老师并没有任何态度上的倾向，尹虎不知道周容老师能否说服自己的父亲再次执笔，更不知道周令钊老师听到这个消息，是否会顾及自己的年龄而拒绝。

煎熬地过了一天又一天，陈龙隔天就在微信上关心一下尹虎，其实是关心周容老师有没有回话。然而，尹虎给陈龙的始终都是五个字：“还没有回音”。

时间一晃而过，但是对于陈龙来说却并没有那么快，以这么多年的经验，他知道，需要准备一个预案。如果周令钊老师不答应，他还能约请谁。但陈龙不是轻易放弃的人，他认定周老师了，非他不约！而直觉告诉陈龙，周老师会答应的！

天色已经晚了，办公室外的灯一盏一盏亮了起来，陈龙没有走，每到这个时候他才能静下心来好好计划一下生肖邮票的走向。就在他翻看资料时，尹虎的电话打了进来。

“陈龙，一个好消息和一个坏消息，你要先听哪一个？”

……

车窗外树木越来越密集地从陈龙眼前闪过，他的思绪仍沉浸在听到周老师答应画生肖票时松了一口气的喜悦中，说来也是幸运，当时的一个决定，让自己在三年里能够与三位泰斗级人物有这样的交集，不能不说是一种缘分。

“陈龙……陈龙？这是咱们找的资料，我们打印出来了。”陈龙游离的思绪被尹虎拉了回来，他看了眼窗外，车子已经行驶在京通快速路上了，应该很快就会到周老师家。陈龙仔细翻看了大家准备的资料。第一枚是一只狗洋洋自得，第二枚是狗狗妈妈正在亲吻小狗。

陈龙：“就按照咱们商量的来说服周令钊老师吧，看看他是否对咱们定的方向感兴趣。你们说呢？”

尹虎：“好！我印象里周令钊老师是一位非常儒雅的老先生，周容老师也是很好的老师，我相信，只要周令钊老师答应了，他就一定会尽力。”

陈龙点点头，继续与其他三人说着别的话题。

车子很快就驶入了一个幽静的小区，院内绿树成荫，陈龙一行四人在幽静的树丛间穿行，沿路的树上结着各种大家叫不上名来的果子，有种淡淡的清香。

“曲径通幽处！”陈龙心里跳出这样一句，四个人在树丛的尽头看到了几层台阶，拾阶而上，就到了周令钊老师家门口了。

周容老师早早地站在门口等待，见到一个高大的身影走在前面，她笑眯眯地道了一声：“欢迎，欢迎，麻烦大家到这么远的地方来。”

周容老师有一双带笑的眼睛，短短的头发剪得很利落，嘴角向上扬着，笑起来很温和。她披着薄薄的毛衣外套，紫色的外套里面是一件浅灰色的衬衫，黑色的阔腿裤，脚蹬一双平底鞋。全身没有更多的装饰，显得温和优雅，低调内敛。

这四人马上迎上去，一一与周容老师握手。

“你就是尹虎吧？我们电话联系很多次了，你变样了。我脑海里还有你上学时候的样子。”

尹虎也眯起眼睛笑着：“对，周老师，时间一晃而过。”

四个人一边跟着周容老师的引导往里走，一边寒暄着。很快，大家便进入到客厅。客厅的沙发上铺着一张蓝印花布，朴实雅致，两边各有一张沙发椅，在夹角的地方放置着一张硬木的椅子。窗外就是这四人刚刚穿过的树丛。太阳直射进客厅，照在阳台摆放的植物上。

周容老师将陈龙等人让进屋里后，就去了里面的屋子，陈龙站在玄关处，静待着周容老师。倒是未洋，沉不住气了。

“尹虎老师，周令钊老师爱写书法，您看这幅字。”未洋指着墙上的一幅字。

尹虎把手放在嘴上示意未洋小点儿声。“那当然，周令钊老师是一位才子，你知道他都有哪些作品吗？说出来你都不敢相信！”

尹虎这样说，更勾起了未洋的好奇心：“我知道周老是第一轮生肖狗票的设计者啊。”

“他还是开国典礼那天天安门上挂的毛主席像的画家。就是最早的带着八角帽的那幅。”尹虎把头靠过来低声说。

“那时候还没有她，别说没有她，连我都还没有，我仅仅对那幅画像有着浅浅的记忆。估计你们都没有任何印象。”陈龙早就对周令钊老师的资料进行过研究。

“我以为天安门城楼上的毛主席像从第一幅开始就是现在看到的这样呢，原来还有好几个版本！”武马对那幅画也没有更多的印象。

未洋也跟着点头，表示同意。

“不仅如此，周老还设计过你们都很喜欢的一样东西。”陈龙故作神秘。

“啊？很喜欢？好吃的？不会是全聚德的标志吧？”未洋好像已经闻到烤鸭的味道，咸酥香嫩的鸭皮已经进到嘴里化开了。

尹虎憋不住笑，武马调侃道：“你就知道吃啊！”

陈龙道：“是第二套到第四套人民币的设计。”

“是吗？人民币呀！那我确实喜欢，好想看看当年的设计样张！”

陈龙的嘴动了动，刚想说什么，只见一位老者推着助步器缓慢地从屋里一点一点地走过来。

这位老者头发已经灰白，如果说先前接触的黄永玉长着一张娃娃脸，那这位老者则是略长的脸型，相同的是两位只相差 5 岁的老人，看上去都有些与年龄不符。老人的皮肤很白，几乎没有什么老人斑，面色红润，一双笑眯眯的眼睛，薄薄的嘴唇，儒雅的气质，温和慈祥。如果让未洋猜测，别说 90 岁了，也就是 70 多岁的样子。

不用说，大家也知道这位就是周令钊老师了。四个人齐刷刷地往前要去迎接，老人摆摆手说："不用，不用，我自己慢慢走，你们扶，我要着急了。"

周老手握着一个类似于晾衣架一样的四条腿的金属架子，那是专门为行动不便的老人设计的，比拐棍更稳当的助步车。他一点一点地向前挪，从卧室到客厅不过几米的距离，周老师走了有一分钟。

陈龙将沙发空出来想扶周老坐下，老人笑眯眯一摆手说："我坐我自己的椅子，我坐习惯了这个，你们坐，坐沙发上，都坐吧。"

周容老师将父亲扶坐在一张硬木靠背扶手椅上，客气地请大家坐沙发，然后忙活着为大家倒水。

老人一落座，叹了口气说："我其他的都还好，就是腿不行。走路要慢慢的一点一点，所以我很少出去。"

"其实您锻炼锻炼还是好的，您看您的精神，哪里像一位 97 岁的老人。思维也很清楚。"陈龙坐在三人的沙发上紧紧挨着周老，尹虎坐在旁边的单人沙发椅上。武马、未洋各坐在另一个角落。

"我父亲哪里都还比较健康，就是腿不行了，而且，我每次劝他出去活动活动，他都给我找出一百个理由，不去、不去！没办法，我只好周末开车带他出去看看电影、在商场里用轮椅推着到处逛逛。"周容老师也在客厅落座，和大家介绍着周老的情况。

周老坐在一旁静静地听，好像置身事外地看着这几位聊天，聊的又都是自己。有他感兴趣的话题，也会说一两句，但更多的时候，他

细听端详

只是静静地听着客厅里的喧闹。

尹虎把准备好的资料拿出来，陈龙简单地向两位周老师介绍了一下第四轮邮票的情况。周令钊老师慢慢地翻看着资料。看到第一轮生肖邮票时，他指着 1982 年的那枚狗票说："这一枚邮票是我画的。"

"对！周老，这是您当年创作的狗。这是一只小黑狗吗？"

"对，这只狗是我小时候家里养的。那个时候我 6 岁多，在县城上小学时住校，每星期去县里要过一个坡。坡上有一只大黄狗，汪汪叫着挡道，我害怕不敢往前走，大哥让我带上家里那只小黑狗，它每次把我送过那坡后才回家。每周如此。后来，说让我为壬戌年画一枚生肖邮票，我就把记忆里的那只小黑狗画出来了，就是大家看到的这只！"

"原来还有这样一段故事，这只小黑狗是周老的守护者。"陈龙第一次听说，同黄永玉先生一样，原来周令钊老师也是将自己喜欢的一只动物形象落在了画面上，并且成为了经典，永远印在集邮爱好者的脑海里。

"对，我父亲后来一直忘不掉那只小狗，你们看他都 97 岁了，还记得。哦，对了，打从接到尹虎的电话，我就和父亲商量，问他还画不画，他想了很长时间，最后说'行！那就画吧'。邮票发行的时候他就是 100 岁了。后来，他自己在纸上勾了几个草稿，你们看看，是不是这个感觉。"

陈龙接过草稿，又递给尹虎。

"这只狗是不是还是周老记忆里面的那只小狗？"尹虎指着画稿，"这几个地方好像还是跟第一轮的狗比较像。"

"周容老师，我们有点冒昧，第四轮生肖邮票虽然请咱们第一轮生肖邮票的设计者来设计，但是希望设计风格有些变化，是想偏重小写意加装饰的手法。也想跟第一轮的设计风格有些区别。”陈龙委婉地向周容老师解释着这一轮的风格。

尹虎：“是的，两位周老师，我们还是想有一点不同。”

周容：“这次，这只狗我父亲画得更加夸张一点，更装饰一点。其实第一只狗就和这个相似。”说着周容老师起身去旁边的柜子拿过来一个方形的瓷板，上面有一只黑色的狗，形象与生肖邮票上的小黑狗几乎一模一样。

“这是把生肖邮票做成了瓷板吗？”尹虎接过板子好奇地上下打量。

“不是，父亲当年是先做了这个刻瓷板，当时做了几个板和盘，我父亲想把记忆中的那只小狗画出来，后来就画在了其中一个板上，就被选中做成了生肖邮票。”

“所以是先有了这个瓷板，后又翻做成邮票？”

“是的。好多人都不知道这枚邮票的由来。”

“周老很擅长装饰性的设计手法。”

“是的，我父亲这一生做过无数设计，小到邮票、大到壁画，许多设计需要用装饰手法去表现。”

陈龙迟疑了一下：“如果这次我们请周老挑战一下不同的手法，不知道周老接不接受？”他心里拿不准老人对他的提议是否能认同？

“不一样的设计手法？你指的是？”

“水墨小写意，但同时又要加入装饰手法，您看看前两套，基本上要跟它们成为一个系列。要有一点写实，要不就回到第三轮上面了。”

“我父亲虽然平时画水墨画，但是他更多的是表现人物和风景，很少画动物，我只能征求他的意见并尽量让他试一下吧。但是陈龙，完全不做图案吗？我父亲过去设计的邮票大多是勾线平涂，富于装饰性。”

“周老平时会画些国画吗？”尹虎又问道。

“是的，我父亲70岁后的绘画作品多用水墨或彩墨表现，你们看，那面墙上挂的《阳朔古城漓江春》不就是水墨写意吗？这本画册里也有不少。”

陈龙被周容老师引导着去看周老画过的国画。这边武马和未洋陪周老翻着资料。有一本书，是武马去书店翻资料时看到的，上面有各种各样的狗的摄影形象，比较多的还是民间的狗，泥塑、剪纸、刺绣、面塑各种形式。“这本书先借我看看，放在我这儿，等我画完了就还给你们。”周老认真地翻看着这本资料，他已经开始在脑海里面构思这套邮票的雏形了。

武马爽朗地笑着：“就放在您这儿，这本书是一本比较老的书了，我买的时候，只剩下这一本了，所以有点旧，但是内容还是挺全面的。”

周老点点头，继续翻着书里的内容，旁边的对话仿佛与他都没有了关系，但他的脑子和眼睛在高速运转着。

此时，周容老师和陈龙、尹虎已经回到了客厅。

“周大姐，您看，咱们还是需要跟前两套稍微靠一下风格。”

“我跟我父亲说说，看他怎么变化一下，但是，我个人觉得也不能完全跟别人的设计风格或形式一样，每一位设计者要有自己的风格。有了这些不同的风格，你们的生肖邮票也才能更丰富嘛，你们说呢？我尽量说服父亲，好吗？你们也给他更多的创作空间。”

“周大姐，您不知道，韩美林老师一开始画的也都是装饰性特别强的风格，但是后来为了统一，我们也选择了偏写实的，为此，韩老师跟我们‘纠结’了好久，心疼那些装饰性的鸡，但是从集邮爱好者的反映来说，结果还是很受大家欢迎的。”

“狗的形象是随便画吗，什么样的品种都行？”

“我们还是想以中国土狗的形象作为基本的起点。这是专家帮忙找的清代的土狗，应该算是没有什么变异的狗的形象。”未洋赶紧向周老解释。

“这个是猎狗了吧？”周老指着另一幅图片说。

“是的，周老，这个动作是给您做参考的，这种雄赳赳的感觉。”

“好！这是第一轮，这是第二轮，这是第几轮？”

“第三轮，周老。”

“那现在是第四轮？”

“是的。”

“我看还是第一轮更清楚些，一眼就看出来是什么。第二轮怎么那么多？”

大家笑了，尹虎忙解释道：“第二轮生肖邮票的设计原则是每套生肖邮票由第一轮的一枚改为两枚，图案‘一图一文，一明一暗，两平两立，篆隶草行三年一换’。第一枚以民间工艺生肖图案为主，采用的民间工艺有刺绣、剪纸、泥塑等；第二枚以不同书体的生肖名称为主，连续三套为同一书体，依次为篆书、隶书、草书和楷书。”

“第二轮改为两枚了，所以看起来比较多。”周容老师马上接过话，怕大家介意父亲的直白。

尹虎想起了一个细节：“周老，您今年画的第一枚是有底色的，第二枚就是白底色的，您可以选一个自己喜欢的底色，不一定要画出来，但是画的时候需要考虑到。到时候我们帮您在电脑里做上。”

武马补充：“咱们今年的还是雕刻版，所以得有些黑色，方便做雕刻工艺。”

大家七嘴八舌地向周老介绍他将接受的任务。陈龙真怕这么大的信息量老先生一时记不过来。于是他又耐心地向周老解释了一遍。

“武马，你这本书的后面是属狗的人吧？这么多名人都属狗。”

尹虎翻看着武马带来的书。

“孔子也属狗。”

“属狗的人还是很踏实的。”周老接道。

周容老师给大家一边添茶，一边说：“这是我老家的茶，请大家品尝一下。”

“哎，你也给我倒一杯啊！”大家还没反应过来，被周老冷不丁的幽默逗笑了。

“爸爸，你刚吃过药，得 1 个小时才能再喝茶。”

“上次我们去韩美林老师家，他觉得按照我们现在的思路，继续下去比较难，很多画家也都去世了。所以当时请他推荐了很多画家，第一个推荐的就是他的老师周令钊，说让我们一定请周老师出山。”

“哦，韩美林先生，他前几天还打电话来，问父亲的情况。”

“是啊，他推荐的好多画家，像丁绍光，有很多都在美国了。”

顺着话茬，大家聊起来现在国内算是顶尖的画家们，哪些还能画邮票，哪些风格已经改变了。周令钊老师说起来还是记忆犹新，谁是云南画派的，谁在美国改变了画风。

“上次我们同学聚会，说起以前的事儿都记得很清楚。但是说起来近期的事儿都记不清了，有时候看一个人眼熟，觉得在哪儿见过，但实在是记不起来名字了。”陈龙感触颇深。

“对，有很多原来的事儿，我都记得，像小时候的狗啊，年轻时发生的事情。但是现在你跟我说的事情，我扭头就记不得了。呵呵！”周令钊先生仿佛找到了知音。

“对，就像黑板一样，每天早晨的黑板，写什么字都很清楚，但是到下午放学了，写什么都不清楚了。”

武马提醒陈龙：“领导，跑题了！”

宋洋也在一旁小声嘀咕:“少说点自己的事情,多说说周老的事情,我回去好写纪实小说!”

陈龙面色一红,自嘲道:“呵呵!我这不是想让周老先生回忆一下过去嘛!”

陈龙只一番话,周容老师关于父亲记忆的事情又浮现出来:“你要说我父亲的记性不好吧,但是几天前看过的电影他都记得。我有时候不忙会陪他去看个电影,但是大部分时候还是比较忙,没时间陪他去,他就一直念叨着他在报纸的电影预告栏中看到的他感兴趣的电影名字,问我‘那个什么电影还在放映吗?’其实就是提醒我该带他去看电影了。过不了几天就提醒我一下。”周容老师知道父亲希望自己带他出去看看电影,转一转。

“我 20 来岁时常给电影院画海报,在桂林、在上海每次出来一个新电影,就有影院叫我去给他们画海报。”周令钊老师回忆着过去。

“您是根据电影某一个场景画下来,还是自己在脑海里构思然后画出来?”陈龙对那段遥远的记忆充满了兴趣。

“有样片,那个时候新的电影还没上映,我就能拿到样片先睹为快,然后根据自己对电影的理解,再画成海报。”

“所以到现在,爸爸还喜欢在电影院看电影。对想看的电影的名字记得很清楚。”

“现在看场电影不容易了,腿脚不方便。”周令钊接话道。

周容老师冲大家眨眨眼睛:“他这是责怪我不带他去看了。”

大家天南海北地聊着过去的事情,都是围绕着周令钊老师和他的爱人。陈龙瞄了一眼手表,时间已是不早,他在周令钊老师这儿轻松、不拘谨,周老和女儿周容大姐,平实温和,没有任何架子。

陈龙觉得老先生一家人好极了。他也看出周老已经有些倦了,虽然还是兴致勃勃地听着大家讲，却不怎么插话了。

于是陈龙起身，向周老和周容大姐表示了感谢和拜托之情。几个人也十分知趣地站起来向两位周老师告别。

秋天是收获的季节，四个人觉得这趟真的来值了，遇见了这样一位老人，也算是一件幸福的事情。更幸福的是，周令钊老先生答应会为生肖邮票尝试一下不同的风格。大家相信，这已经成功了一半。

汽车在五环路上行驶，大家七嘴八舌地讨论着刚才没有说完的话题，陈龙偶然插几句便又陷入沉思。

谁也不知道，此时的他，心中涌动着怎样的激流。

第二回

论发行特势量品值　议邮票枚套组版张

第四轮生肖猴票发行后，陈龙在任何地方任何时间段，凡见到的熟人，个个都说："中国邮政真是牛掰，这猴票让你们运作的，神了！生肖鸡票应该也没问题吧？"

期间，居然还有记者打电话问陈龙，说这第四轮生肖猴票的广告策划是请的哪家公司，怎么也要花几千万吧！

当人家听陈龙说是邮政人自己策划的，一分钱都没花，就是不信。

有人怀疑说，陈龙"吹牛不上税"！

听到这话陈龙甜蜜到爆。

就在运作生肖鸡票设计之初，陈龙不止一次拍着胸口告诉他的几位同事："各位好好干，邮票发行部的网厅项目获得了2016年集团创新成果一等奖，我想第四轮生肖邮票的发行也会获得集团创新一等奖！"

天啊，一等奖，还是邮政集团的，那可是千里挑一呀！

无限美好的前景摆在陈龙团队面前，大家一直努力着，前期的设计、雕刻布线、打样、开机、宣传都十分顺利，但是，在发行数量的确定上，他们却“卡壳”了！

这一天，陈龙正在同几位同事商议生肖鸡票的发行数量，争议的焦点当然是发行多少。

陈龙：“各位，生肖鸡票的各项准备工作在即，万事俱备只欠东风，发行数量必须尽快定下来！”

大家一听慷慨激昂，议论纷纷。

陈龙喝了口水，续道：“大家都说说意见吧，一定各抒己见呀！”

芳芳道：“必须的，我估计，鸡票的市场效应比不上猴票，这总量比照猴票的发行量如何？”

琪琪笑道：“我同意芳芳姐的意见，基本上维持猴票的发行量就行！”

昆哥也说：“对对对，加一点也行，维持去年的数量就行，要加也不能加太多……”

陈龙摆手：“大家静一静，听赵处，哦不，赵副总，给大家说几句……唉，不好意思，我这老有口误！”

赵副总是新近提拔的部门领导，陈龙总是叫错。

赵副总转身对几位同事道：“各位，现在到了考验我们的时候了。这第四轮生肖猴票发行后市场火爆，供需矛盾很突出。虽然集团在零售等方面处理得很好，媒体几乎没有抨击邮政的负面新闻，但这并不意味着鸡票的销售就会一帆风顺。”

最后，大家主要纠结在具体数量上，芳芳说：“最近监管部门都找了各省，要求报零售、邮品制作的数量！”

陈龙闷头喝茶，心道：“这完全可以理解，这邮品要开发，服务也必须到位！”

赵副总看出陈龙心思，问道：“最近媒体的舆论也出来了，呼吁加大零售数量！大家说说要不要采纳他们的意见？”

在场的几个人遇到这样的提问都不敢接招，只觉得事情没有那么简单。

昆哥：“零售数量上去了，对集邮市场会不会产生影响？”

见大家都把目光聚焦在自己的脸上，陈龙只好慢慢剖析，讲述了影响中国集邮市场的几项因素——特势量品值。

可惜大家压根听不懂这“特势量品值”五个字的含义，必须展开了说。

陈龙不得不一一解释。

“特，就是中国特色集邮。”

跟外国的集邮不同，中国集邮很有特色。特色主要表现在集邮群体中有大量的投资、投机群体，占比不好说，至少一半以上，这是外国集邮市场上所没有的。由于1980年猴票的影响，利用生肖邮票进行投资、投机的人很多，也造成了多年生肖邮票“惨遭”追捧和热销。

很多人听后“嗯”了一声，脸上毫无表情，因为这个情况大家都清楚。

“势，就是市场形势，邮票的行市。”

同中国的股市差不多，集邮市场也会时常涌入社会上的闲散资金、热钱，而且数额巨大，可以用千亿计算。大量的资金涌入或涌出，会造成集邮市场的火爆或低迷。但是陈龙提醒大家，目前集邮市场已经热了一段时间了，明年的邮市如何，值得我们关注，他预计会受楼市的影响，可能是一个新的轮回……

赵副总也一直担心这个问题，他咳嗽了一声：“还有吗？”

陈龙只好接着说：“量，就是生肖邮票的发行数量。”

作为生肖邮票，一直是集邮市场的晴雨表。1980年第一轮生肖猴票，就是因为发行量只有不到500万枚而成为集邮市场上的“窜天猴”。到了1991年，第一轮生肖最后一枚羊票发行量是1.2亿套，可是第二年的1992年，生肖邮票发行量到了2.3亿套，到1993年，生肖邮票变成了2.5亿套。那些年生肖邮票发行数量的增加，基本上都是迫于舆论的压力！

总之，生肖邮票在市场上的表现同发行数量有很大的关系。

“品，就是集邮品的制作，生肖邮票特别适合做集邮的衍生产品，这点自不必多说。这些年的集邮生肖贺岁季，各地的产品开发几乎都靠生肖邮票支撑……”

“最后，值——附加值嘛。附加值来源于消费者的心理价值。”

每一个中国人都有他自己的属相，至少有一亿人属鸡。大家一算就清楚了，生肖邮票不可能发行一亿套，所以生肖邮票一票难求就成为了必然。这都是生肖邮票的附加值作祟……

总之，陈龙讲完这五条，大家都认为有些道理：“领导，你说的这五个因素我们怎么借鉴呀？”

陈龙笑道：“这中国特色还没变——投资者、投机者都在，只不过是在等待时机。”

“这个确实。”大家点头。

“不开玩笑，‘量’和‘品’我们可以控制，可是这个‘势’是邮政把握不了的。”

“为什么把握不了？”

“你看，这经济形势、市场形势我们能把握吗？”

“确实，有些时候这些‘势’需要等，应势而为，顺势而动，要有耐心。”

“耐心！中国集邮从来不缺少耐心！”

陈龙随手捻碎了手中的烟头，这一会儿他已经抽了 5 支烟了，他凝视着邮票目录中 2.3 亿套和 2.5 亿套这两组数字，面目由温柔转向坚定："各位，我们要认真分析一下形势，一定要从保护市场、兼顾其他因素入手确定发行数量！"

琪琪说了一句："去年已经是投放生肖邮票零售数量最多的一年了！"

"今年这样的零售数量就过不了关！"陈龙耐心温和地解释，"你们知道是什么原因吗？叫利益驱动，第四轮生肖猴票超高的溢价把各方面的需求都释放出来了，这个压力巨大呀，同志们……"

赵副总："是呀，内部的、外部的，似乎每个中国人都要生肖邮票。有些人提出的需求令人发指啊，根本就满足不了……"

"这不，我们也算了一下，各省开发生肖鸡票邮品的需求远远高于生肖猴票！"集邮业务处的几位业务员七嘴八舌道，"仿印产品也需要不少生肖鸡票，还有社会厂家开发的银行渠道的需要，看来各行各业都'疯了'，都看上咱这鸡票了……"

陈龙看了看赵副总，道："赵总，今年各省开发生肖邮品所需的邮票仍然维持去年的数量不变。"

赵副总摇头道："各省都会有意见，据说还有版块联动的需求、公关需求，这个工作难度大。"

陈龙道："大局为重……你们下去分头做工作。"

"到头来，他们还会找您！"赵副总无奈地说。

"没关系，我就圆乎脸一抹长乎脸，六亲不认呗！"陈龙道，"不过得罪人的事还是我来做，毕竟比你们年长几岁！"

"要是这样的话，我们也豁出去了。"赵副总说道。

"零售是媒体关注的焦点！"陈龙皱眉，"所有零售，包括网上零售，线上线下摇号都要大幅度增加数量……新增这部分数量就作为鸡票的增量，我也不问你们是否同意了，就这样定了。”

大家都瞪大了眼睛，直直注视着陈龙，他们知道，陈龙说的零售“大幅度”增量就要几百万套，这也是个不小的增量。不过，同生肖一、二轮交接的 1.2 亿增加到 2.3 亿套相比就不能算增加了。

尽管陈龙已经定了，大家还是觉得有些冒险。

赵总眉头紧拧，陈龙哪儿能看不出来呀，说道：“赵总，你现在分管业务处，说句实话，我也不愿这样，但加大零售数量我考虑很久了，这些天辗转反侧就是这件事，大约有一个多月了，现在已经深思熟虑了，必须下决心了！”

“领导，您要不再深思熟虑几天？”赵副总委婉地说道，“加一点可以，为什么大幅度加呀？”

“不大幅度加零售，这整版的生肖邮票价格就下不来。生肖邮票一发行就 800 元一版这很不正常。”陈龙的语气突然放沉，一脸无奈的表情，“我还想把零售的时间由过去的一天加到三天！”

集邮业务处的几名同事，也不太同意陈龙“大幅度”增加零售的做法，一直在犹豫是不是也提点意见。

虽然陈龙已经感受到生肖鸡票的零售压力，大家也同样感受到了，但是用“大幅度”增加零售的做法，这事儿听着有稍许的不靠谱呀！

琪琪：“领导，我有个建议，新邮预订本身就是满足零售的一个举措，何况我们多年实行的就是‘预订为主，零售为辅’，这个政策已经得到包括监管部门和社会的认可。”

陈龙：“话是这么说，可舆论不关注新邮预订户，他们关心的是零售，这我就没办法了！”

“领导，我们还发现一个问题，我们网厅摇号中发现，有不少买家利用借来的身份证反复参与摇号，我们越加大摇号的比例，他们套购的数量就越多，然后就抛向市场，这一点您考虑了没有。”昆哥小心翼翼地提出了意见。

没等陈龙说话，芳芳嚷了起来：“这种人还真不少，我们防都防不住！”

陈龙深吸口气，勉强笑了笑道：“我承认有这么一批人，目前也没有什么好办法限制住他们，但是有一条我相信，加大摇号比例，主要得到实惠的还是真正的集邮爱好者！”

大家看了看陈龙，知道他决心已下，沉默半晌：“您是领导，我们听您的，但我们想保留意见，欢迎领导随时改变主意！”

听到几位还坚持自己的意见，陈龙露出了赞许的目光，陈龙这个人很怪，他并不喜欢唯领导马首是瞻、人云亦云的下属，大家讨论时不同的意见他是欢迎的，尤其是研究重大决策。

当了这么多年领导的陈龙自然知道“群众眼睛是雪亮的”道理。他想了想，这件事还得有自己的主张。他坚持自己的判断。

于是，他重重地点头，说道：“集邮业务处马上计算一下，增加零售数量要比去年的发行量高出多少，我初步算一下至少大几百万套！”

然后他又看看赵副总：“赵总，我想通过发行数量把生肖鸡票的整版市场价格控制到每版 200 元左右，这可能对市场会有些影响，但可以最大限度控制住市场炒作！”

赵副总听后并不言语，心想控制到多少钱一版不是你陈龙说了算的！

陈龙坚定地说：“赵总，别总愁眉苦脸的，没什么了不起的！经验表明市场大幅度炒作绝不是好事，大起大落必须防止。这样吧，出了问题，我来承担！”

“领导，最好别出问题！”赵副总看着自己的同事。

陈龙把目光收回，扫了大家一眼：“咱们最近开一个全国的电视电话会，把我们加强零售的风放出去，市场马上就能感觉到，炒作的人就会大幅度减少。”

“领导，要是加个几百万套，市场价……”赵副总还是关心市场行情。

于是他打个哈哈，说了句“今天雾霾还那么严重，哈哈哈！”就把会议结束了。

陈龙以为生肖邮票发行之后他就能喘一口气了，这一天正午，陈龙正躲在办公室里写工作札记——自从几本集邮系列丛书出版后，陈龙就养成了一个习惯，只要有时间他都要把一些邮票发行的趣事、奇事记录下来，哪怕不再写了，也权当是练练笔。这几乎成了陈龙闲暇时间最大的爱好。

突然一阵急促的敲门声响了起来。

第三回

《拜年》新稿网络热议　邮票故事初开专栏

“进来吧。”陈龙大声说到。

来人是《拜年》的邮票编辑阿甘和负责图稿艺术质量把关的小吕。

阿甘不顾午休时间拉了小吕就往陈龙的办公室里闯，一看二人这着急忙慌的表情，陈龙就知道“来者不善”，一定是出事了。

果然，阿甘还没在陈龙办公室的会客椅上坐定，就机关枪一样地说道：“领导，您知道，这新的《拜年》图稿一对社会公布可是炸开了锅，我就不说啥了，这都是工作，可是连吴老师都受到了牵连，好多人在他的微博下留言，吴老师一大早就给我发来了短信截图，估计一夜都没睡好。”

“突然更换了图稿，大家还没反应过来，要接受新图稿肯定需要一个过程。”陈龙嘴上安慰着编辑，其实心里也在打鼓，毕竟《拜年》邮票已经发行两年了，第三年原始的设计图稿网络上早已经有了各种各样的版本，系列邮票的内容和风格其实不需要太精专的业内人士也可以猜个八九不离十。而这最终发布的邮票图稿突然加上了民族元素，关注邮票的人可能一时半会儿都有些蒙圈。

“您不知道，网络上的人嘴下可不留情，这些人有个统称，叫‘键盘侠’，客观表达感想就算了，他们完全就是在人身攻击啊。”阿甘喝了一口手边的茶水，平复了着急的心情继续说着，“本来吴老师辛辛苦苦为我们加班加点改图稿，这新的图稿能在最后一刻拿出来他功不可没，可是现在却被一些网上的‘键盘侠’骂了一通，我真是替吴老师鸣不平啊！”

这个阿甘编辑平时性格随和，见人就是三分笑，想不到也有忍不住急眼的时候。

陈龙自然理解阿甘的着急心情，编辑和设计师是在整个组稿过程中联系最紧密的人，可以说，一套邮票图稿的成功和编辑与设计师之间的良好沟通密不可分。参与邮票设计的往往是早已功成名就的艺术大师，对于年轻编辑来说，不仅在艺术上是高山仰止，在为人处世的修养上也是他们的良师益友。况且阿甘编辑已经是二度担任《拜年》邮票的编辑了，和吴老师相处时间最长，接触最多，看到吴老师受到了网络言论的不公正待遇，阿甘自然是愤懑不平。

《拜年》邮票的设计者吴冠英在艺术圈内可以说是相当有名了，他不仅是清华美院的教授，长期从事着美术教育工作，自己在设计实践上也早已功成名就，许多国家级别的盛会标识设计就是出自他之手。譬如 2008 年奥运会吉祥物“福娃”和残奥会吉祥物“福牛”，他也是设计者之一。

陈龙点点头，这事儿确实对吴老师不公平，这新图稿是邮票发行部门确定的，怎么能让吴老师受牵连？

“阿甘，你可得跟吴老师好好解释一下，咱们也要跟邮迷解释一下这个事情。”

“领导，是得解释一下，我看网上还有好多人都有疑问呢，说是中国有 56 个民族，过春节并不是每个民族的习俗，咱们的拜年娃娃还要身着各个民族的服饰去拜年，认为这是一个常识错误。”

“是吗？还有这样的声音？”陈龙又仔细端详起手中的邮票图稿，“其实咱们表现的并不是少数民族过春节，而是拜年娃娃来到少数民族聚居区给全国人民拜年，表达的就是全民族大联欢的意思！”邮票画面上是两个圆滚滚、胖嘟嘟，名叫“欢欢”和“喜喜”的萌娃，萌娃身着蒙古族传统节日服饰，手捧哈达，背后是蓝天、祥云和蒙古包，整个画面洋溢着新年的喜庆，契合了“吉祥哈达迎春献，幸福花儿向日开”的新春主题。

陈龙终于是有些着急了，我的邮迷哟，你们真是让我欢喜让我愁。

这不是第一次在邮票发行前临时换稿，一定也不会是最后一次，就是因为邮票发行这个工作意义重大，所以要考虑的因素也很多，既要兼顾科学性，又要有一定的艺术水准，既要符合国家社会的主流价值观，又要能接地气贴合百姓生活，做邮票发行工作最难的就是“平衡”二字。

看来，将《拜年》邮票换稿的真实用意向邮迷交代一下确实有必要。可是该怎么让大家更能了解每套邮票背后的用意。

“领导，我有一个想法喽。”说话的是一直在旁沉默的小吕。小吕是湖南人，虽然在北京生活了十几年，但却乡音未改。

“邮票发行以后老百姓看到的都是最后呈现的邮票，其实我们从一开始组稿到最后确定图稿中间经历了无数次修改，我觉得这都属于邮票故事的一部分，邮迷对这些事情应该很感兴趣，可是又无从得知。咱们不如在集邮报上开个专栏，让编辑们来写他们知道的邮票背后的故事。”小吕虽然年轻，但本身就是学习美术出身，从事邮票这行也有了近十年的经验，脑子灵活，平时就数他点子多。

“领导，其实，把邮票发行背后的故事分享出来，不光能满足邮迷的好奇心，对于我们自己来说，也是一个把邮票图稿背后的设计思路跟大家做一个说明，现在产生的很多误解，就是由于信息不对称造成的喽。”

陈龙点了点头，鼓励小吕继续说下去。

“就拿去年《交通大学建校一百二十周年》的邮票来说，网上有人说‘饮水思源’的‘源’字少了一个点，是错票。我们真是有理说不清，其实那是一种书法体的写法，就是来源于交通大学校训中的题字。”

陈龙对这件事印象很深，2016年发行《交通大学建校一百二十周年》邮票，当时的邮票画面主体是交通大学的标志——思源碑。可这思源碑上书写着的“饮水思源”四个字，却在一些集邮微信公众号上引发了一番争论。

“如果有了这个专栏，咱们就可以把邮票背后严谨的论证过程和每次修改图稿的原因通过文章描述出来，这个专栏的名字我都想好了，就叫‘编辑手记’，咱们的编辑是对邮票背后的故事最了解的人，由他们的视角来说邮票编辑设计时的曲折，邮迷一定感兴趣喽。”

陈龙眼前一亮，赞道：“你小子，早就想好了这招，在这儿等着我呢。这真是个好主意，好，就按你说的办！”

“要的，要的。”小吕一听，和阿甘编辑相视一笑，心说，一件好事儿看来是办成了！

“不过……”陈龙看这俩小子早就想好了主意还找自己抱怨，一看就是想给他“添添堵”，决不能太便宜了他俩，“既然这个主意是你们提出的，小吕，这个组织编辑写稿的活儿就交给你了，由你负责每个月给媒体发稿。”

“啊……领导！”小吕本来喜笑颜开的圆脸蛋儿立刻缩成了一团，这下可好，自己热心肠给编辑想了个主意，既能解释一下《拜年》邮票换稿的事情，又能给编辑们增加增加曝光度，结果倒给自己揽了个活儿。自从他负责图稿组织的工作以来，已经是一天三个电话催编辑交稿子，现在好了，估计他的电话要被编辑拉入黑名单了。

“行了，别跟我讲条件，这件事办好了，军功章上有你一大半！”陈龙的性格说一不二，小吕只能撇了撇嘴，挠头思考接下来的工作。

“阿甘，你也别乐，吴老师那边还得你多关注关注，也把咱们的困难跟吴老师解释一下。这第一篇编辑手记，就从你开始，就从《拜年》邮票背后的故事说起。”

得，小甘和小吕一人领了一个大活儿后离开了陈龙的办公室。

其实，答应这件事也不光是因为《拜年》邮票的“换稿门”事件，陈龙心里想的还有一件事。

这几年，邮票市场火热了，负责邮票编辑设计的尹虎总对他说，全国各地开品鉴会、首发仪式都会请邮票设计师参与，邮迷们前呼后拥的好不热闹。可是这邮票编辑就不一样了，基本属于邮票界“搬砖”的角色，吃力不讨好。就好像看着粉丝拥簇歌手，可是什么时候见到粉丝围着词曲作者转呢——设计之前的“苦活”与“累活”都归编辑，邮票面世之后大家都将注目的焦点放在邮票设计者的身上，很少有人关注到邮票编辑的存在。

其实这一点陈龙早就留意到了，可但凡一个产业总是有台前光鲜亮丽的角色和幕后默默无闻的工作者，邮票发行部门自身何尝不也是默默地工作奉献呢，有些不公平也是无可奈何。

所以谈到这个问题只能打个哈哈含糊带过，弄得陈龙每次找尹虎催生肖邮票的稿子进度都有些紧张。

谁说当领导容易？

这对上不敢马虎，对下还时常神经紧张，怪不得陈龙天天叨念着，赶紧退休，回家跳广场舞去。

这回小吕他们提出的专栏能够给编辑一个发挥的舞台，让他们的名字见见报，也算风光风光。

可是这《拜年》邮票为什么在延续了两年后突然改变了图稿风格，引来这么大的风波呢？

事出必有因！

第四回

选题会重磅出新票　欢喜年最炫民族风

拜年，又称走春、探春，是中国民间的传统习俗，是人们辞旧迎新的一种方式。走亲访友、张贴春联、燃放爆竹等等都被包含在了春节拜年的过程之中，形成了春节民俗文化的重要内容，体现出浓浓的中国年味。

《拜年》邮票的发行已经进入第三个年头了。

阿甘和小吕走后，陈龙端详着这《拜年》邮票，陷入了回忆之中。

在邮票发行部门，有一个特定的办公室被称为“西会议室”，不仅位置在整栋楼层的最西边，到了夏天还有严重的西晒。天气晴朗时，在这个办公室里能眺望到远处的西山风景，雾霾天时浑浊一片的天空下，在这个办公室里只能隐约看到西二环的一些建筑和行人。

对邮票发行部来说，许多重要的邮票选题、策划、论证都是在这个会议室诞生的。

2013 年 4 月的一天，邮票发行部、邮票印制局的代表聚集在“西会议室”中，为的是探讨一个新增发行的系列邮票选题。

这件事情由邮票发行部牵头，陈龙当仁不让率先发言向大家介绍起了这次会议的目的："各位同志，目前我们的邮票发行计划正在编订当中，其中有个选题想和各位内部的同事通通气。"

说到新一年的纪特邮票选题，大家都伸长了脖子，毕竟这件事情关系着下一年整体的经营方向和发行思路，只要是这个行业里的人，没有人不关心全年邮票选题计划。

陈龙偏偏不紧不慢地抿了一口手边的茶水，调整着自己座椅的高度。他人高马大，年轻时还曾是业余体校的篮球队员，此时此刻他高大的身躯陷在会议室的小转椅中，显得像是高中生坐在了小学生的课桌前，颇有些局促。

"这些年来，我们一直希望除了生肖邮票这个品牌之外，还能有一个邮票题材有广泛的认知度，能接地气，老百姓喜欢，而且还能一年一年地发行下去，让大家有一个收集的动力，也是分散一下生肖邮票的压力。"

一听这话，在座的人纷纷环顾着周围的同行，似乎想从其他人的表情中看出个所以然来，陈龙言下之意是要打造另一套生肖邮票？这可是个不小的野心，不仅野心不小，难度也巨大！

陈龙继续说道："我也不瞒着大家，我们思来想去，觉得要符合这些条件的，恐怕还得是中国的民俗节日。民俗节日年年有，而且在老百姓心中有着根深蒂固的影响。不过，目前除了元宵节，传统节日咱们基本上都发过一遍了。今天把大家找来，最主要的事情就是听听在座各位的意见和建议。"

陈龙停了下来，环顾着四周，这天来的都是长年奋战在集邮战线上的人，囊括了从生产端到销售端的负责人员。现在社会上流行一个说法叫"用脚投票"，听听邮票行业不同岗位上的建议，应该能得到一些好的想法。

“陈龙，我就直说了，发行传统节日邮票有个问题，如果我们把元宵节单独拿出来年年发行，一个是会产生和其他节日截然不同的发行方式，违背了我们过去发行的规律，还有一个就是在时间上特别难办。”

第一个接话的果然是武马，他算是在座这些人当中的“老发行”了，除了陈龙之外，就数他从事邮票发行工作的经验最丰富。

武马曾经在邮票印制局工作过，后来调到发行部负责邮票选题，“如果要在元宵节当天发行，那么过年期间肯定要让员工加班了，一年两年还可以，年年都如此，这个太不人性化了，难以持久。”

“而且元宵节大家才刚刚从过年的假期中回来，发运、销售都是问题，各地集邮公司的压力也很大。”业务处的芳芳常年负责生肖邮票的发运工作，对这个问题最是关心。

“我觉得，也不一定是节日。直接发行民俗节日有诸多问题的话，是不是发行一些具体的民俗就可以了？”武马对这些年发行过的邮票题材了如指掌，他的门道多，和一些老集邮家也常常聊到邮票发行题材的事情，肚子里早就藏了一堆想要发行的邮票题材。

“武马，你就直接说具体的想法。”陈龙是急性子，他看大家光提反面意见不出主意就着急。

“领导，我是这样想的，咱们不如就直接发行和民俗节日的内涵相关的选题，比如说就叫‘过年’，过年的内容那么多，年年发行都能发个十年八年的。”看陈龙沉不住气了，武马可算是干干脆脆地说出了心里的想法。

“其实咱们传统节日很多，除了春节，还有端午节、中秋节也有很广泛的影响力，咱们不直接出节日的题材，但是按着武马的思路，可以发行如端午食粽、中秋团圆题材的邮票。”尹虎言下之意是赞同武马的想法，不过他也有自己的想法。

陈龙想了想，这个主意确实有可行性："那咱们朝着民俗概念的角度去想，既要能体现文化内涵，又要有广泛的认知度。"

"这个民俗最好不要有太大的局限性，我觉得还是集中在春节期间最好，但是比如像南方吃汤圆、北方吃饺子这种，选了一个就舍弃了大半个中国的就不合适！"说话的是业务处的琪琪，统筹组织邮票的市场推广活动是她的分内工作，她最怕的就是写出来的方案被省里的同事埋怨难以落地。

"琪琪说的有道理，既然是要支撑全国集邮活动的题材，那我觉得大家最广泛了解的就是春节了，这还是全体中国人的狂欢节啊，在华人的文化圈里是不可取代的。"赵副总分管全国邮票的经营工作，几个意见一权衡，他果断站在了受众面广的春节选题这边。

"我也觉得过年行，过年的内容很充分，能做文章的内容可太多了。"附和的是设计部门的史主任，他分管着图稿编辑的工作，有内容、素材多、能落地，这是他的三大追求。

"大家是不是都觉得'过年'比较好啊？"陈龙觉得大家的讨论逐渐有了一些眉目，搁下手中的茶杯继续问道。

"我有个意见，'过年'听上去总觉得有点像口语，咱们是不是能从面向广大邮迷的角度出发，取名叫做'拜年'呀？"武马听了大家的提议又萌生了新的想法。

"嗯，有点意思，继续说。"

"第一年发行，画面上也比较好办，肯定是以主体形象给大家拱手作揖为主。后续的还有很多，比如贴春联、放鞭炮，都是全国人民非常熟悉的画面。但是名称咱们还是叫拜年，意思也是在过年前夕，中国邮政给大家拜年了。"

“有道理！”

“好提议！”

“有想法！”

“太棒了！”

……

武马此话一出，博得了大家纷纷的赞同声。

陈龙一锤定音：“好，就按今天提出的几个想法，联系民俗专家开始论证可行性。”

拜年邮票的雏形就在由邮票发行线上举足轻重的几个部门共同参加的这次会议上诞生了。

这场发生在几年以前的讨论，不仅诞生了《拜年》这个系列邮票，还诞生了另一组在几年后推出的邮票，有心人大概也能发现，那就是后来的《月圆中秋》，隔一年发行一套。

然而兜兜转转，经过重重论证，到《拜年》邮票真正发行的时候已经是2015年农历羊年春节了，而画面的主体也确定了是两个名叫“欢欢”“喜喜”的娃娃，陪着大家一年一年长大。

想到这里，陈龙踱步到了办公室的落地窗前，时间已经接近正午，窗外的这条小马路又由宁静转入了喧嚣。

陈龙遇到什么费解的难题总喜欢站在这面窗前，看着周而复始的人群像上了发条一样，在他的眼前来来往往。

这《拜年》邮票连续发行了两年，在今年遭遇了一次危机。参加完图稿评审会的那天，陈龙也是坐在自己的办公桌前愁得直揉脑袋。

11月初，正值北京的隆冬时节，中国邮政大楼外的道路上只有熙攘的车辆，行人早已经躲回各自的家中，汲取一些暖气带来的温暖。

“什么？图稿没有通过？这……这距离发行就剩两个月时间了

啊！”已经是晚上9点，刚回到家中的阿甘突然接到了发行部武马打来的电话。

“阿甘，我比你还着急，可领导提出了要求，咱们没有办法呀。”武马从审稿会上下来后就急忙给阿甘打了电话，事出突然又时间紧迫，他是一刻也不敢耽搁了。

“这到底是怎么一回事？武处长，您知道的，《拜年》是系列邮票，前两套已经发行了，这第三套的内容也是早就定好了的，怎么会出这样的岔子？”

“是这样的，刚刚我们上总部的审稿办公会，其他几套邮票图稿都挺顺利的，本来我们也以为《拜年》邮票通过肯定是板上钉钉的事，谁知道……唉。”

“您别卖关子了，怎么了？集团领导觉得不好？”阿甘此刻已经是热锅上的蚂蚁，在自家的客厅里打起了圈。

“几位集团领导都不满意，集中的质疑就是咱们这三套《拜年》太像了！我们也解释了，按照规划这套邮票体现的是每年一种民俗，今年体现的内容是贴窗花，‘欢欢’‘喜喜’比起前两套也会长大一些。”武马见阿甘着急了，忙解释道。

“对呀，对呀，这个可是咱们三年前就定下的方向。”阿甘说。

“但是领导提出有些集邮者反映每年的《拜年》都叫‘拜年’，画面元素都是两个娃娃，内容非常相像，不是专业集邮的都分不清。而且对于咱们基层的工作人员来说在入库和销售的时候也很难分清。”武马叹了口气，当初使用拜年娃娃这个主意就是武马提出的，让邮迷们就像看一部系列剧一样看着“欢欢”“喜喜”一年年长大，但邮票这行业更像是人文学科，一千个人心中有一千个哈姆雷特，这些对于武马来说是邮票亮点的地方，到了一些集邮者心里却成了“吐槽”之处。

“其实还有一个核心因素，咱们规划的内容大多是汉族过春节的习俗，咱们国家是多民族国家，民族元素是不可以忽视的。”武马继续解释道。

“可是，您知道，现在距离发行就剩两个月的时间，如果是细微调整还来得及下厂印制，如果是这种巨大的调整，重新设计再下厂，我真的不敢想象！”可惜武马看不见，阿甘早已向后一躺，瘫倒在自家的沙发上，一幅“我已经没辙了”的模样。邮票下厂前紧急调整改稿并不少见，可是在发行前两个多月进行这么大幅度的修改，这套邮票几乎从时限游刃有余变成了必须要保发行的一套票。

“所以我一刻不敢耽搁赶紧通知你了，其实修改的方向已经定下了，打算结合五十六个民族这个概念，从第三组开始让拜年娃娃身穿民族服饰在少数民族区域向全国人民拜年。”武马将会议后他们确定的内容告诉了阿甘。

“还要加上民族概念，那么在鉴定上也会有很大难度的。”阿甘觉得自己的后背已经被汗水湿透。

如果了解当年发行的《民族大团结》邮票的人就会明白，邮票上涉及到民族元素从服饰到人物动作再到每一个标志文字都需要进行科学严谨的鉴定，工作量巨大。

“别担心，今天你先好好休息。明天一早跟吴冠英老师联系一下，沟通改稿的事情，另外同时找一找民族大学的教授，有他们支持，咱们这个礼拜就紧着这件事，时间来得及。”

挂了电话，武马和阿甘不约而同叹了口气，第二天开始，他们都要进入紧急“备战”状态，今天大概要度过一个难眠的夜晚了。

虽然嘴上抱怨，但真要干起活来，阿甘一点也不敢懈怠。接下来的几天，他与《拜年》邮票相关的团队进入了“白加黑，五加二”的工作状态。

阿甘先是在电话中将现在的情况和吴老师通了通气，委婉表达了需要再次创作图稿的意思，好在吴冠英老师参加重要事务创作的经验丰富，对于邮票严格的审核机制也有了充分了解，答应尽快再次进行创作；那一边武马又紧急联系了国家民委的同志，确认了邮票中的民族排序主要依据 1991 年 8 月 30 日国家技术监督局批准的《中国各民族名称的罗马字母拼法和代码》中的排序，排在第一位的是蒙古族。

其实这次走访倒是给心里没底的武马打了一剂强心针。

民委的领导一听武马的来意和邮票发行的计划，就大呼赞同。中国自古以来就是一个统一的多民族国家，各民族大杂居、小聚居、相互交错居住。汉族地区有少数民族聚居，少数民族地区有汉族居住，民族间相融相合。

民族团结稳定，有利于国家的发展，有利于民族内部的团结，有利于增进民族情感。

得到民委的肯定，武马连忙让阿甘联系了中央民族大学的殷主任。武马和殷主任有些私交，这些年常常找殷主任确认各种关系到民族内容的问题，很快就得到了殷主任的答复：“全力支持！”

这下，阿甘提到喉咙的心算是稍稍放下了一些。

表现的民族主体是蒙古族，正好与 2017 年《内蒙古自治区成立七十周年》邮票可以同时完成鉴定工作，基本上需要沟通的专家也是同一批人，这无形中就为他减轻了一些压力。

准备工作一落定，他赶忙带着所有材料与殷主任一起拜访了吴冠英老师的工作室。

重新布图、画稿、上色，10 天后，崭新的第三组《拜年》邮票初稿终于完成。

改稿

……

想到这里，陈龙觉得自己的腰椎有些酸疼，于是他又坐回了自己的椅子上。

用他的话说，这是长年坐着办公积累下来的毛病，也算是“工伤”，闹得他有时坐也不是，站也不是。可是他这份工作，大会小会总是不能少的，陈龙只好带着个软靠垫在身边，走到哪儿都把靠垫一放，陈龙自己也怪不好意思的。

《拜年》邮票的发行任务虽说告一段落，可作为一个长期发行的系列邮票，真要盖棺定论评定成败，恐怕也不是陈龙这一代邮票发行工作者能左右的。

邮票一旦离开了发行部门，就像婴儿离开了母体，就有了它自己的命运，由于那些与它有关的机缘巧合，它们或许变得价值连城，或许永远消失于集邮者的视野里，成为了历史的一部分。而那些邮票背后错综复杂的故事和人，也在浩如烟海的历史中被尘埃掩埋，成为了时间的秘密。

第五回

老邮迷不吵不相识 新粉丝越跳越热闹

2017 年 1 月 4 日晚 10 时许，牛街邮局门口，突然间排起了长龙，不用问就知道准是第二天这里要销售邮票。对于迷了邮票几十年的老张来说，生肖邮票发行前一天来牛街邮局排队，已经成了雷打不动的习惯。有一年赶上生病发烧，老张愣是把自己的儿子“派”出来替他排队，熟悉老张的人，都说他是个十足的“邮痴”。

半夜前，一个邮迷裹着棉大衣，要加塞进排队的人群中来：“各位老少爷们，我排在这里，去年我就排在这……”

老张老大不高兴，心里嘀咕，我在这里排了两个小时了，怎么没见过这位仁兄。仔细一看认识，当场就呆了：“啊！老哥，怎么是你？你去年是排在我前面，可都过去一年了，还能算数？”

邮迷甲赶紧作揖：“我说你你你，干嘛这么较真，咱俩去年排队就建立了友谊，约好今年也一起过来排队的。”

老张只想快速打发他走，好继续保持他排队前十名的位置：“这可怨不得我，为什么不早点来排队？”

邮迷甲接口道：“我这不是怕冷嘛，在家喝了半斤二锅头才敢过来！这一喝就把时间给耽误了……”

谁知邮迷甲这话说得特没内涵，理由都不会编。

周围的人一听很生气，后果很严重：“你吃饱了喝足了来了，知道这行为是什么性质吗？这是加塞你懂吗？最为邮迷所不齿，邮迷都是有素质的，我可在这里冻了……”

邮迷甲继续强词夺理：“素质咱有，我也是老集邮了，可以算集邮家了！有节操的。”

老张也是老集邮，哪里把他放在眼里，他心里冷笑：什么集邮家，还有自封的！这年头不想排队还谈什么节操？

老张过去深受过加塞之害，邮贩子找了一批“票托”来加塞，有几次生肖邮票他居然没有买到，想到这个老张就是一阵捶胸顿足。

老张坚决地说：“什么都别说，你最好还是到后面排队吧，后面也就 100 来人。”

邮迷甲赶紧陪着笑：“这样吧，我也不白排在你前面，改天我送你一本新书，写得很好，了解生肖邮票必备……”

老张不为所动：“谁稀罕你的新书呀……”

“这可是我在广西南宁亚洲邮展上买到的……《猴年过后是鸡年》，生肖鸡票的雕刻者小明和欧姐都在书上签了名……这本书专门介绍了这套邮票的设计过程，看过之后，你会更加了解邮票设计者韩美林先生！”

老张一听，立马来了精神：“你这么一说，我还真想看看这本书。”然后一拍胸口，说，“都是哥们，加就加吧，不过请配合演个戏，台词就一句‘我俩双胞胎’，请背好台词。”

邮迷甲跟后面排队的邮迷逼真地一解释，后面的朋友都是很实在的人，他们信了他，也就默认了。如果他们了解实情，也许会表示强烈的鄙视。

邮迷甲站在队中那个兴奋："谢谢！"

两人握手言和。

老张和他越聊越亲热，知道这邮迷叫赵三，两人不但互相加了微信，说日后有啥好邮票可以互通有无，还套起了棉大衣一起取暖。嘿，这就叫"排队见真情"。

黑夜漫漫，寂寞难熬，老张心中不由产生魔念：为什么不建一个微信群，在里面群聊来消除寂寞……

排队的几个人一听，忙说："这个，那个……好事呀！我们也很寂寞，那就群聊一会儿呗，建个群很快的。"

老张对赵三眨巴眨巴着小眼："对，对！一看老哥你就是有文化的，还跑到广西南宁去买书，何不先发一帖？"

几个人拍着手道："是滴是滴，我们就崇拜文化人。"

赵三低下头，思索了片刻……一时想到《猴年过后是鸡年》一书扉页上的一句话，来了灵感，写道："神马都是浮云，神鸡全靠美林；万丈高楼平地起，要买邮票靠自己！"

看到似诗非诗的几行字，那老张拍着手高叫："好哇，好哇，表达了我们邮迷此时的心境！老哥不愧为文化人，竟然能写出如此精妙绝伦的句子。"

邮迷乙："我理解了什么叫好诗了，真是'人外有人，天外有天'呀！尤其是这句话，'万丈高楼平地起，要买邮票靠自己'，好一句集邮励志诗……"

邮迷乙用胳膊挤了挤身边的老张，轻声说："到你了……"

老张于是摆出一副无限崇拜的样子："苍天有眼啊，让我得以观得如此精彩绝伦的句子！这样的奇葩文字，把网络用语和韩美林画的生肖邮票巧妙地结合在一起，以前真没见过……”

老张深情凝重地续道：“这几句话构思新颖，独具匠心，特别是‘神马’和‘神鸡’太对应了，简直是神来之笔，平淡中显示出不凡的文学功底，可谓经典……”

赵三一听马上谦虚地说：“诸位夸得有点狠呀！不瞒大家，那两句话是《猴年过后是鸡年》书里描述的，郑重声明，这不是我的原创。”

见把赵三捧得差不多了，老张甩了下响指：“言而总之，我只想说一句：我买到鸡票后要做的第一件事，就想看看这本书！老弟，你可承诺了，一定给我看看！”

赵三被马屁拍得晕晕乎乎，顾不得老张一会儿“老哥”一会儿“老弟”地胡乱叫着，眨巴着小眼：“一定，一定……”

邮局内值班的牛局长、集邮公司侯经理也正在热聊，因为这二人马上会和大家见面，所以得写写：

看到 12 点不到邮局门口居然就有几百人排队，两人都非常吃惊，每人手上各捏一把汗。

牛局长：“是不是？我去年看过买生肖猴票的排队阵势，这购买鸡票的人可一点不比买猴票的人少！我看，明天早上这排队的人肯定要超过 1000 人，这维持秩序的任务可是艰巨……”

“牛局长，你这个判断我同意！咱们是不是再和牛街派出所联系一下，让他们再派几名警察过来，有备无患嘛。”

牛局长道：“这个建议不错，是得请派出所再派些警力过来，人多了，这秩序才好维持。”

侯经理做了一个点头的动作：“我再联系一下派出所所长。不过开始出售生肖邮票前，你最好讲几句，安抚一下邮迷。今年，邮政集团格外重视生肖鸡票的零售，下发下来的零售邮票是以往零售数量的好几倍。零售时间也由过去的一天增加到三天。只要大家不起哄、不拥挤，耐心排队，遵守秩序，每个人都能购到生肖鸡票……”看来，生肖鸡票的零售邮政准备得格外周到。

邮局外，邮迷还在耐心地排队，赵三说道：“老兄，您还别说，喝了点酒再来排队，还真觉不出天冷。”

“老弟，我集邮 30 多年，排队购买生肖邮票那是常事。天气冷点没关系，等几个小时不算什么，这都不算事。邮迷可喜欢扎堆聊天啦，一会儿天就亮了……”

“这样挺好的，兄弟。”赵三拍了拍老张的肩，“此刻，我能想到的最浪漫的事，就是和你一起排队！”

但是此时，得到增援要求的派出所所长头有点大。

所长召令值班的警察开个紧急碰头会，所长稍显紧张：“牛街邮局明早出售生肖邮票，刚才来电话告急，还想让我们再派几名警察过去，大家看看怎么办？”

“还要派人呀，我们已经派了三名警察了！”一名年轻小警察说道，“啊，他们还开走了一辆警车……”

“三名警察确实不多！”所长翻着眼睛说，“人家报告，目前邮局门口聚集了 500 多名邮迷，据说天亮时很可能会达到 1000 人……”

旁边有人脸吓得煞白，急忙提醒所长：“这要是超过了 1000 人……秩序可就不好维持了，弄不好会出事！”

所长“哎”了一下，道：“是呀，安全无小事。我们必须增援一下。”

年轻警员道：“所长，要不咱们再派三个人过去吧！邮局那片归我管，要不我过去吧！要是真的出了乱子我也脱不了干系！”

所长接口道：“好好，这样吧，你就带三个兄弟过去，把秩序把控好，千万不要出踩踏事故！出了事你我都负不了责。”

“放心吧，所长！”

不过临行前，所长还是不放心，千叮咛万嘱咐：

“你们过去后，重点是维持秩序。邮票怎么卖那是邮局的事，你们少插手。”

“我听说今年的零售数量增加了，邮迷购买的机会也就多了……”

“小心无大碍……”

小警察频频点头。

“还有，一定要注意：要是有突发事故，一定要处理得当，绝对不能激化矛盾。”

“这个我懂，好言相劝。实在劝不了的，我们再上手段！”

“上个屁手段！人家是买邮票的邮迷，都是人民内部矛盾，千万别上什么手段。”

事实证明所长并没有多虑，维持秩序这件事并没有想象得那么简单。

深夜过后，天气变得异常寒冷，不过这阻挡不了邮迷购买生肖鸡票的热情。

寒风中，但见赵三问道：“生肖鸡票的价钱，大家怎么看？”

果然这个话题吸引了旁边的几个邮迷。

老张：“我还是很看好鸡票的，估计会在300元至400元一整版！”

邮迷乙：“我看不一定，邮政集团事先已经放出话了，今年要加大零售数量，增加零售天数，据说线上线下摇号的数量也大幅度提升，这是有意不让鸡票的市场价格过高……”

赵三：“我赞成邮政的新举措，应该加大零售数量，去年生肖猴票一面世，整版价格超过了1000元，这太不正常……”

邮迷乙：“怎么能说不正常？你不知道那套生肖邮票可是黄永玉

老爷子设计的……”

“不过，这套鸡票是韩美林老爷子设计的，也应该不错……”

“一看你就不了解生肖邮票，在生肖邮票中，有两个生肖邮票有龙头效应，一是猴票，二是龙票。”

“我赞同这个说法，1980 年的猴票对市场的影响力太大了，今年的生肖鸡票肯定不会超过 300 元一版……”

“我不同意，我认为应该是高开低走，出来后就会超过 400 元一版，过了春节可能会回落到 200 元左右一版。”

“38 元的面值升到 200 元一版也相当不错了。这次邮政加大了零售数量，我们趁机多买点，到马甸邮市一倒腾，赚个千八百块钱很容易的！这可是我半个月的工资呀！”

“你这是典型的‘以邮养邮’呀！”

“我本来就挣得不多，这‘以邮养邮’有错吗？咱们集邮的有多少人没有这个想法！”

“对，趁邮政这次多销售生肖鸡票，这三天我已经请假了，轮番排队，买个十次二十次的应该没问题！”

“这次，咱们可真是赚了！还真要感谢邮政给了我们赚钱的机会。”

“别说了，赶紧排好队吧！你看队尾又来人了。”

可不是，天亮前又来了几百人。人们从各自家中或栖身之地蜂拥而出，这也太多了，大大地出乎警察和保安们的意料，找个地方停自行车，居然费了几分钟，大家精神抖擞地左三层右三层地将邮局围得水泄不通。

几名警察和邮局的保安死死护住队头，将后来的邮迷引导到队尾排队。

看到队伍越来越长，人越来越多，邮迷们也顾不得聊天了，就盼天明。有人哼着“夜半三更哟，盼天明”，他们记得影片《闪闪的红星》中《映山红》插曲上有这么一句，可是对他们当时的心境最恰当的诠释。

天明就该卖生肖邮票了！

看到人山人海的场面，牛局长擦擦汗，拿起对讲机呼叫：“各位保安注意，第一方案取消，现在开始执行第二方案，就是不能让后来的邮迷冲到前面，大家给我守住，守住……”

小警察也擦擦汗……他带领警察队伍一步一捱，终于把队尾理顺了。

早 8 点的时候，牛局长站到队伍前面，要说的事早已打好腹稿，但即便大场合都经历过的他，也不免愣在了当下。他对着话筒，心情到底还是很亢奋，好啦好啦，拣关键的说：“女士们，先生们，邮迷朋友们，大家早上好！丁酉大吉，意气风发，在第四轮生肖邮票《丁酉年》发行的大喜日子里，我们相聚在牛街邮局门口，首先我代表……”

牛局长正口沫横飞地讲得起劲，忽听得下边有人在说：“局长，少讲两句吧，我们快要冻僵了，赶紧开卖！”

邮迷们提出异议了。

此话一出，弄得牛局长相当丢面子，他只好鼓起勇气继续说：“不要打乱我的思路，还有两句话，我必须讲清楚。我们准备了足够的生肖邮票，保证今天在场的邮迷都能买到。只是跟大家提出一个要求，就是共同维持好秩序……”

“局长，放心，我们自己也会维持秩序的。”

无数的记者争相采访牛局长，开始牛局长还耐心地讲解，什么加大零售数量、增加零售时间、提高摇号中签比例，讲着讲着，旁边出现了意想不到的状况……

为什么会出现状况？这故事情节太过简单，难免就枯燥无味了。

只听音乐声大起，一群大妈推开人群，“哼哈哼哈”地跟随音乐节奏，挥起手帕，跳起广场舞，冲了过来：“把我一切都献给你，只要你欢喜，你让我每个明天，都变得有意义，生命虽短，爱你永远不离不弃。你是我的小呀小邮票，怎么爱你都不嫌多，美好的寓意温暖我的心窝，点亮我生命的火火火火火……”

也不知道她们是怎么知道的，在邮局附近晨练的广场舞大妈们唱着歌曲过来凑热闹。

初冬，天寒地冻，大妈们却在“小苹果”的旋律中跳得汗流浃背，毕竟不年轻了又不敢脱衣服，于是个个脸庞都红得像个大苹果。

“不好，有情况！”小警察略微思考了下，得出了这么一个正确的结论。

他心里有点小怕怕地对同事说：“情况不妙，赶紧跟我过去看看！”

几个人急速过去，果不其然，小警察和他的伙伴们看到此景都惊呆了！这年头，谁不知道广场舞大妈的厉害？那些警察和保安们无不目瞪口呆，一下子就傻站在那里，木头一般……

小警察惊出了一脑门的汗：“这些大妈们怎么跳到这儿来了……”

有人说，跳广场舞的今天跟集邮有些相似。从某种角度来看，这个说法有些道理，因为倒退20年中国就是一个无人不集邮的国度，现在变成了广场舞。

跳广场舞的大妈们不甘心站在队尾，纷纷往前面挤，保安和警察马上围起人墙，不让她们越雷池半步。

小警察越看越觉得不对，对领舞的胖大妈说道：“大妈，您这是要干什么？您没看到这里这么多的人，把你们挤伤了可不是闹着玩的。听话赶紧回去吧，这么大岁数了！那首歌唱的多好，‘最美不过夕阳红，温馨又从容。夕阳是迟到的爱，夕阳是未了的情’，还不赶紧回家享受生活去！”

小警察是年轻人，年轻人就是读不懂这群大妈对生肖邮票“迟到的爱”和“未了的情”！

领头的胖大妈抹了一把额头上的汗，说道：“警察同志，我们不能回去……你没有听说过，路过不能错过，心动不如行动！我们也想买生肖邮票！”

胖大妈这么一抹就把早晨的略施粉黛抹得粉一块、白一块的，让人一看，有点小尴尬，也有点小清新。

如此严肃关头，警察被逗乐了，在忸怩与犹疑中说道：“啊，什么？你说什么？赶紧补妆吧，大妈！”

笑声里，胖大妈绷着脸：“我们是牛街广场舞七十姐妹，年龄都在70岁以上，而且大部分人都属鸡，就是不属鸡，家里也有属鸡的儿女。听说邮局今天卖生肖鸡票，就冲这份热情，你说该不该集体过来买几套……”

小警察心里大大地犯愁，又深觉有趣，想看看这大妈们到底接着会做什么动作：“哦，这不是添乱嘛！你们是舞迷，又不是邮迷，跳你们的广场舞多好！”

胖大妈碎碎念叨：“我们舞迷也会偶尔舞后调剂生活，要保持老有所乐的心态、丰富文化生活，邮票就是生活百科，买回去可以哄孙子，也可以哄老伴。这叫资源共享，分那么清楚干嘛……”

小警察一听摊开手，露出为难的神色：“人家邮迷可是昨天晚上就过来排队的，你们这么一搅局，这秩序可就不好维持了。求您了，大妈，回去跳广场舞吧！真要是挤坏了身体得不偿失。”

大妈们心里也是气爆，听听，这个社会上的闲言碎语居然来自警察的口。难道我们只能跳广场舞，就不能偶尔集邮？

那胖大妈红了红脸，诉道："警察同志，我们就是来买生肖邮票的，我们保证不搅局。要不我们在这里一边等，一边跳一段，姐妹们，Music，音乐走起……最炫民族风。"

于是，大妈们跳了起来："苍茫的天涯是我的爱，绵绵的青山脚下花正开，什么样的节奏是最呀最摇摆？什么样的歌声才是最开怀？"

前面排队的人群还从没在买邮票的时候看过这样的场面，果然一下子吸暴了眼球，他们纷纷掏出手机拍照……

警察立即制止了大妈们的冲动："哇塞！千万别跳了，你们开怀了，我们怎么维持秩序？"

大妈们仍不离不弃："刚才，邮局领导讲话我们都听到了，今天在场的都有保证。这话一定要兑现，现在请你告诉我，我们怎么排队能买到生肖邮票？"

小警察明显准备不足，他看了看牛局长，两人面面相觑。正如牛局长所担心的，那小警察竟一指他："你问他就行了，他就是邮局的局长！"

好……出卖同伙！那牛局长一惊，转念一想，这警察说的也对，只能"呵呵"了。

只见胖大妈转过头朝向牛局长："呵呵，我们就在这队尾排队行吗？"

牛局长："哦，我看不行！我们的邮票是卖给邮迷的，你们也不是邮迷。保安给我上，把她们挡住！"

但是他的保安手下看到一群广场舞大妈，交头接耳的交头接耳，思考人生的思考人生，愣神的继续愣神，唯独没有上的打算……

牛局长见没人响应，大怒："你们再不行动，我把你们都开除了！"

保安们听了，爆发出一阵哄笑，笑完了纷纷发表意见：

“行动？行什么动？”

“人家来买邮票，你不能不卖人家吧？”

小警察也觉得牛局长说的没道理：“牛局长，话不能乱说！你凭什么判断她们不是邮迷？你这么说会惹众怒的！这公共厕所扔石头——容易激起‘民愤’！”

大妈们的执着感染了牛局长，一切都证明着广场舞大妈们这个群体的威力，它告诉牛局长，最好不要开罪她们，否则绝没有好果子吃。

牛局长想了想道：“好，我承认我刚才的话有误！我承认她们也是邮迷，卖给她们好了。”

胖大妈脸上堆满笑：“牛局长是吧，领导说的话要算数呀！”

牛局长苦笑，挠挠有点秃顶的脑袋，沉思了片刻后，一个重大的计划出笼了。

他拿起对讲机：“我通知一下……各位保安请注意，来几个人到队尾，这里突然出现了跳广场舞的大妈！没有办法，卖给她们每人一套。”

胖大妈一听不高兴了，抗议道：“牛局长，不许歧视老年妇女，他们排在前面的人可以买四方连，为什么我们每人就只能买一套邮票？”

牛局长欲哭无泪：“一个人一套就不错了，你们跳广场舞喜欢的是小苹果……不是邮票。你们是广场舞大妈，不是集邮家！”

左一个“小苹果”，右一个“广场舞大妈”，她们反感极了，看来不来点厉害不行呀！

这回，胖大妈和她的老伙伴们真的生气了：“你这什么话……你这人说话真气人……你这人怎么能这样！姐妹们给他点厉害的看看！”

说完，她们在胖大妈的指挥下，迈出灵活的脚步再一次舞了起来，很快排出一道美丽的弧线，就把牛局长围在了中央。

看见大妈们“上纲上线”后又来这一手，牛局长彻底凌乱了，他知道事情弄大了，他本来想糊弄大妈一下就完事的，赶紧把她们打发走。可是现在……看来自己想溜都溜不了了。

形势非常危急，牛局长知道自己惹祸了，他打算岔开这无比尴尬、无比凝重的气氛，便用手指了指：“光天化日之下，你们这是干什么？”

没用的！那大妈们不理会这套：“你不答应，甭想出去！”

真难缠，牛局长死了的心都有。

大妈们真淳朴，但是她们还觉得做得不够，一步步朝牛局扭来，喝道：“收回你刚才的话！”

牛局长看到新颖的舞姿，好奇地问道：“这是新款广场舞？”

大妈们兀自在继续，问道：“说了你也不懂，你是答应，还是不答应？”

见牛局长还在思考，大妈们就很不耐烦了：“不答应是吗？”

那牛局长一瞅，脑袋当场就“嗡”的一响，赶紧作揖：“大妈，大妈，我答应，我答应，每人一个四方连行了吧？”

牛局长话音刚落，就见胖大妈挥手发表极其重要的讲话：“很好，很好！就这么定了！我们不会扰乱秩序，就在这里排队耐心等候。人民邮政为人民，果然名不虚传！我就说这些了！”

大妈们集体鼓掌，纷纷涌上，争先握手：“局长，你这是英明决策！”

“局长你擦擦汗！看把你累的！”

“我早知道你会搞定这件事！”

“局长，这我回去就能给孙子、孙女交代了！一套邮票交代不了，给谁呀？手心手背都是肉！”

“局长，我下午就把钱存在你邮政的储蓄所里，我知道你们有揽储任务，我还可以动员我的姐妹们把钱都存到你们的邮储银行，我说到做到！”

牛局长是铁打的汉子，万万没想到对方来这一手：“说得太好了，理解万岁！”

得到大妈们的集体表扬，牛局长只觉得晕晕乎乎，很是受用。

一个小时后，这些大妈每人拿着一个鸡票四方连，兴高采烈地唱着“爽爽爽爽！天是那么豁亮，地是那么广，情是那么荡漾，心是那么浪，歌是那么悠扬，曲儿是那么狂！看什么都痛快，今儿我就是爽！就这个 feel，倍儿爽，倍儿爽！”

这不是大张伟唱的歌嘛！声音太浪太狂，大家面面相觑：敢情这就是广场舞大妈要找的感觉啊！

那么，邮迷们的感觉是什么，也应该是倍儿爽！

离开邮局，再看她们的表情，一脸的灿烂，幸福得像花儿开放。

时针指向下午 13 时，大家都买到了生肖鸡票后陆续散去。牛街邮局生肖鸡票的销售就在大家的一片点赞声中顺利结束！

第六回

《丁酉年》瑞雪迎首发　韩美林光临双子楼

2017 年的 1 月 5 日，北京迎来了公历新年后的第一场雪。

这十来年，每到辞旧迎新的岁末时节，北京的冬雪都会如约而至，一如信守时间的邮差，向人们报告时节的进程。

对于在北京住惯的人来说，这场雪实在缺少以往常见到的“彪悍”的气势，反倒像南方落雨时的秀气，捎来了深冬的气息。大概真是受了雾霾压抑烦扰多时，这洁白而晶莹的雪，不论是对生活在这里的“老北京”们，还是对到北京追梦的“新北京人”来说，在这漫天漫地的白色世界里，都多了一重说不清的喜悦。

与屋外变幻的天气不同，屋里的暖还是数十年如一日。

陈龙站在落地窗前心想，老话说“瑞雪兆丰年”，但愿这场雪是一个好兆头。

这天，陈龙早早从睡梦中醒来，由于当天有重要的事情，他醒来后就再没能入睡。耗着也是耗着，索性早去单位做些准备。于是他从衣柜中找出了那条印着“大闹天宫”图案的领带。熟悉陈龙的人都知道，每回他戴上这条特别的领带，就一定是有什么重要场合要出席，而对陈龙来说，重要的事情通常都只和一件事情有关——邮票。

要说到中国邮票界的大事，在集邮者心中还没有什么事能大过生肖邮票的发行！

今年的生肖邮票由谁来创作，邮票画面藏了些什么故事，今年的生肖邮票的发行政策如何，零售的邮票怎么销售，发行之后市场生肖邮票的行情表现如何等等，都是集邮圈内人津津乐道的话题。

今天，就是农历丁酉年生肖邮票发行的大日子。

“再确认一下给领导的讲话稿，记得拿粉纸再各打印一份备用稿放在嘉宾席上。”

“放心，准备好了！”

“宣传片准备好了吗？活动开始前要把预热宣传片正好放完，活动过程中放的视频要做好标记。”

“放心，已经做了标记！”

“最后合影的蛋糕呢？什么时候能送来？”

“放心，已经在路上了，马上到！”

“午餐和物业确认好了吗？韩老师说他们家的烧饼做得特别好，咱们记得也要为韩老师准备一份他喜欢的烧饼。”

“放心，食堂大师傅一定会烤，能不能超过韩家的就说不准了！”

“直播怎么样了，大家都拿手机试试看能不能进入直播页面。”

“放心，我的手机没问题！”

金融街北端的这个双子楼里，一个特别的工作小组正处在紧张的工作状态中，工作小组中领队的是邮票发行部宣传处的南处长，整个生肖首发仪式的宣传工作都落到了他们团队的身上。

南处长带着几位年轻同事，满头大汗地一一拆箱拆包点验着韩家提供的由韩先生设计的鸡年招贴画。把里面的招贴画取出一一摆放在每个座位上。

整个首发仪式大厅由于有这些招贴画装饰点缀一下子就有了喜庆的味道。

南处长还不放心，亲自跑到嘉宾席前面，和同事小路认真查看，不时地更换嘉宾的桌牌，调换着位置，然后苦笑着对小路道：“这桌牌的摆放很有门道，主人居中，主要嘉宾一定要在主人的左侧。我们差一点摆错了，这真要出错，可就出笑话了！”

这话倒是没错，这礼仪也是一门学问，南处长还真的懂，这都得益于过去给领导当秘书的经历！

这段时间，这位南处长连自己儿子感冒都没有心情去管，把所有的经历都投入到首发仪式上去，不过忙乎了几天还是心里没谱，担心出意想不到的纰漏。

这天的首发仪式流程并不复杂，但细节的衔接却不简单。由于有过 2016 年邀请黄永玉先生参加生肖猴票首发的经验，知道任何一个环节的疏漏，都可能造成临场意想不到的情况。为了避免突发状况，南处长对于每一个细节都要求一丝不苟。

这两年，集邮宣传在悄然改变着自己的面貌。以前只能在集邮专业媒体上看到邮票的活动，而现在，央视新闻、互联网平台、自媒体……所有你能想到的媒体手段都成为了邮票发布信息的渠道。就拿这次《丁酉年》生肖邮票来说，除了一场声势浩大的首发仪式外，还配合了现下网上最流行的“直播”，让邮迷第一时间能够看到首发仪式现场的活动，还能将自己的感想随时发布在页面上“互动”。

从事了一辈子集邮工作的陈龙总说：“老革命”遇到新问题，这集邮怎么玩转互联网，还真得多跟年轻人取取经！

《丁酉年》生肖邮票的实际策划工作一年前就开始了，从选定设计者到确定图稿，从工艺竞争再到开机印刷，每一个环节都不能出一点差错。而这期间的每一个环节都是由不同的团队在进行密切地衔接。首先，图稿设计的策划由设计团队负责，成员有领队陈龙、负责协调沟通的武马、负责艺术把关的尹虎和负责邮票编辑的未洋。

设计团队重中之重的工作就是选定生肖邮票的设计师，并且与设计师沟通设计理念，最后呈现在票面上。这一点几乎也决定了生肖邮票的成败，所以陈龙在这件事情上从来都是亲力亲为。

而经过了选定设计师、选定图稿后，工作的重点就要从图稿设计转移到邮票印制团队。邮票印制团队负责对生肖邮票的印制工艺进行把关，由于第四轮生肖邮票确定了以雕刻工艺作为艺术形式和防伪方式，所以印制团队少了选择工艺的难题，却多了把关雕刻布线的重担。

终于在一年后，等到了邮票发行的这一天，这对于生肖邮票发行团队来说有着比其他人更加难以体会的激动。

10 点刚过，两辆黑色轿车驶入北京最繁华的金融大街。

陈龙和南处长快步走出了邮政集团的大门。从前车里依次走下来几位着装整齐划一的青年男女，他们各个身着紫色套装，脖颈处围着精致的领巾。原来他们都是韩美林艺术馆的工作人员。

那么不用猜测，后面的轿车里坐着的一定就是丁酉年生肖鸡邮票的设计者——韩美林。

说起韩美林，在中国即使不了解艺术圈的人也都知道他的大名。他最家喻户晓的作品大概就要数 2008 年北京奥运会吉祥物福娃了。

可是每次别人跟他谈到福娃，韩美林总要一甩胳膊说道："福娃啊，那不是俺一个人的作品，那都是领导们改出来的，顶多算是个团队作业！"

韩美林 1936 年生于山东，他精干的身材和人们印象中的"山东大汉”似乎并没有什么联系，可是这话音一出，山东汉子耿直的个性就表露无遗，熟悉他的人听了他的话往往无奈地笑笑，不熟悉他的人或是尴尬或是恼怒，心里大概要腹诽，这韩老师怎么啥都敢说呀！

韩美林的一生经历过许多苦难，而这些苦难也多与他这敢怒敢言的性格有关。

如果不是韩美林自己说了，陈龙也没料到，这其中一桩居然还源于邮票。

1963 年，刚刚从中央工艺美院毕业留校任教的韩美林，正在画坛初露锋芒，诸如夏衍、冯牧这些文化名人，都找到年轻的韩美林为他们出版的作品创作封面与插画。

此时的韩美林正摩拳擦掌为一片光明的前途而踌躇满志，突然有一天他接到单位的工作调动通知，让他即刻前往安徽协助建立安徽美术学院。

那个年代的人内心有的就是对工作的激情，更别说韩美林这样的性格了，一心想要大干一场的韩美林带着美好的憧憬和新婚的妻子没有一刻迟疑就动身前往安徽。

在安徽，韩美林认识了许多朋友，其中有一位叫做孔雁的女技术员。

孔雁出生在上海，从小就对艺术特别感兴趣，也被调动到韩美林落脚的合肥轻工业研究所，研究所就这么大，一来二去，志同道合的两人就成了好友。

孔雁有个男朋友小赵，在国防委进行原子弹研究。小赵偶然得到一个机会被单位派到上海出差，便想到了身处安徽的女朋友孔雁，于是中途没有打声招呼就先拐到了安徽想见见女友。

本来这一动念也是人之常情，算不得什么大事，可是偏偏小赵身上还携带着一份国防委的研究资料。也是小伙子太年轻，没有分清事情的轻重缓急，他这一“顺道”就改变了三个人的人生轨迹。

在上海接待小赵的工作人员发现他并没有准时到达，资料自然也在他身上，心里一琢磨这可是大事，立刻就向组织做了汇报。

说来也是命运弄人，韩美林偏偏在同一时段前往上海探望他的母亲。上海地处长江入海口，从民国时代以来就是中国对外文化交往、经贸往来的重要港口，这里，最先进的理念、最时髦的玩意儿都比较容易找到。

当时全国品种最全最新的邮票在上海都能找到。

于是韩美林特意找了一天的空儿来到上海的邮票公司看看新发行的邮票。

他集邮的爱好在他少年时期就已经养成了，读书的时候许多同学都知道韩美林有这么个小爱好，这并不稀奇，同学好友之间有集邮爱好的也不少，当然韩美林是比较热络的那一个。

谁知韩美林竟在邮票商店中偶遇了读书期间一位交好的波兰留学生，当时二人相熟也有部分原因就是二人对邮票的共同爱好，分别了很长时间，竟又由着邮票的牵引而再次见面。

“韩美林，好久不见了，你怎么来了上海？”

“哎呀，是你，真是好久不见，俺来探望俺老娘。”

“走走走，咱们找个地方慢慢聊，我都许久没听到你的消息了，倒是你的画，我常常看到！”

于是两个人便高高兴兴地找了间咖啡馆聊起了当年的故事。

这里大概还得跟大家交代一下社会背景。上世纪60年代的中国并不像现在这样开放，那个时候外国人在老百姓的眼里大概与“特务”是同义词，所以一个中国人和一个白皮肤、蓝眼睛的外国人这么热络地聊着天，在那时的社会里是十分扎眼的。

也就是韩美林这样大大咧咧的性格才能如此。

于是，在韩美林毫无察觉时，他就被上海的安全部门盯上了。

回到安徽的韩美林还没等从上海探母的心情中回过神来，就被以“反革命言论”和“里通外国”的罪名抓了起来。

原来，上海安全部门调查韩美林的人员与公安部调查小赵的人员都来到了安徽，照理说这两件事本来是八竿子打不着一块的，只是这其中都有个共同人物——孔雁。

稀里糊涂地，韩美林就被怀疑成将机密资料泄露给外国人的“罪犯”。

后来的故事，上本书《猴年过后是鸡年》已经介绍过了，韩美林失去了人身的自由，甚至几次想要放弃自己的生命。生命有时候何其脆弱，又何其顽强，在这样的遭遇和打击面前韩美林奇迹般地都生存了下来，并且从没停止过艺术创作，终于成就了今天的他。

对我们普通人来说，难以想象一位艺术家在经历了这样多身体至精神的磨难后，他笔下的小动物依然能够如此天真浪漫，他的精神世界该有多么纯洁而强韧！

韩美林虽然已经年届 80，但看上去也就只有 60 来岁。

站在他身边的是一位神采奕奕的女士，身形微微有些“发福”，乌黑的长发一丝不苟地被束成一个高马尾。身上穿着的是带有民族元素的红黑唐装，用武马的话说“一看就是搞艺术的范儿”。

这位“有艺术范儿”的女性，是韩美林的夫人周建萍。

说到周建萍，也许圈外的人并不了解，圈内的人都知道她可是一位地地道道的“才女”。

上世纪 90 年代，周建萍创作了一部电视剧——《女儿谷》，为了这部剧本，她一个 30 来岁的单身女孩，克服重重困难，经过重重审批以“无罪之身”进了女子监狱体验生活，与那些被外人看来穷凶极恶的女犯罪人同吃同住，在里面整整过了几个月的时间。

后来周建萍这部付出心血的作品被著名的谢晋导演看上了，终于成功地在电视荧屏上亮相。

在那个文化生活并不发达、完全没有互联网的年代里，一部电视剧能造成的影响可以说是无与伦比的。

大家也是在听周建萍后来叙述时才知道，红遍了大江南北的“小燕子”赵薇，那时也是《女儿谷》中的一位演员，只是那时候“小燕子”还不是“小燕子”，可周建萍已然通过这部剧本成为了小有名气的编剧。

周建萍虽说小韩美林 28 岁，却是最了解韩美林，也是与韩美林相伴最久的人。韩美林当年用 179 幅小画“收服”了周建萍，如今他们俩已经共同建立了三个韩美林艺术馆，爱情的火花成就了艺术的结晶。

韩美林和周建萍都走出轿车后，一个带着鸭舌帽不甚起眼的身影也随同着他们迈出了车座。却见韩老师不住回头寻找这个身影，要拉着他一同步入邮政集团大楼里。

这时，还是南处长眼尖，连忙拉着陈龙一起前去接待几位贵宾。

“陈龙，俺们来的准时吧。”韩美林说起话来仍然不改山东人热情奔放的性格，一把抓过陈龙的手邀起了功，“看，俺今天可是特地为你们邮票穿起了正装，嘿，别提多不舒服了。”

“韩老师，周老师，白老师，欢迎你们。”陈龙这才发现原来走在韩美林和周建萍身边的居然是央视鼎鼎大名的主持人白岩松。

白岩松身材显得比电视上还要精干一些，皮肤黝黑，头戴一定灰黑色的鸭舌帽，一身暗色调的羽绒大衣里隐约能见着挺括的西装和一丝不苟的白衬衫。

要不是陈龙眼力好，还真没几个人能看出他来。

说起来，白岩松也不是第一次参与生肖邮票的活动了。

2015 年，中国邮政在第四轮生肖首枚邮票《丙申年》猴票印刷开机时，在北京邮票印制局举办了开机印刷仪式。这也是契合文化传媒时代到来集邮转型发展的重要一步——集邮沉寂了这么些年，大家都意识到，好东西还得靠宣传。

而那一年的生肖邮票正是第一枚生肖猴——《庚申年》生肖猴票的设计者黄永玉先生的再度出山。

这次活动，还在邮政系统内通过电视电话系统，面向全国各个网点的邮政员工进行现场直播。

这样一个正式的场合，谁能担当起主持的重任呢？正是眼前这位大名鼎鼎的白岩松。而这一次，白岩松再次为生肖邮票的发行担任主持，除了他自己对邮票的感情外，还因为与韩美林的“忘年交”。

几位重量级嘉宾在上台前先在特别准备的贵宾厅中休息，周建萍就担当起了休息厅中的主持人，给大家介绍起白岩松和韩美林的故事。

“岩松是韩美林的‘小管家’——‘大管家’是另一位好朋友冯骥才。这次美林的八十大展，小管家主持开幕，大管家负责写书，各司其职，大小搭配，相得益彰。”周建萍的一席话说得在场的人都不由得笑了起来。

这个称号的由来颇为有趣，有许许多多的故事。

韩美林脾气倔强，尤其对于创作上的事情较起真儿来连周建萍也拿他没辙，偏偏白岩松却总能号准老爷子的脉，把韩老师从自己跟自己闹别扭的南墙前给拽回来。

比如说，前两年央视春晚发布的吉祥物“康康”在网上被炒作成了“猴赛雷”，这事儿让韩老爷子气得几天没能睡好觉，周建萍和韩美林艺术馆的师徒使出了所有招数都不管用，只能找来白岩松。

一接到韩美林艺术馆的电话，刚从国外工作回来的白岩松就直奔了韩家。

不得不说，白岩松毕竟是在媒体圈工作的人，三言两语就把如今网络上的“眼球”效应给韩老师解释清楚了：

“为什么别的都不炒作，光炒作韩美林的‘猴赛雷’呀，那是因为有特点、有辨识、有效果嘛；”

“网民们图的就是一个热闹，你一言、他一句，你添点油、他加点醋，就形成了特定的网络文化；”

“其实这猴早跟您韩美林没啥关系了，那是网友的智慧，是集体的创作；”

“正所谓一个时代有一个时代的文化，当年亚里士多德写了一部《诗学》，就流传下来了悲剧篇，喜剧篇虽然失传了，可这喜剧文学没有失传呀，这互联网文化就是典型的戏谑文化，什么都可以嘲弄；”

“韩先生，听我一句劝，什么都不必较真。”

好个白岩松，这一套接一套的，当真把韩美林给说乐了。

所以说，韩家的“小管家”不封给白岩松，还能给谁?

这次请白岩松主持邮票的首发式没费什么周折。

一天，南处长笑着问周建萍：“周老师，《丁酉年》生肖邮票 1 月 5 日发行，这邮票的首发式要在我们邮政集团举办，我的领导陈龙把操办首发式的任务交给我了。”他顿了下又道：“其实，我觉得首发式能否成功，除了主角韩先生夫妇到场之外，最为重要的是得有一位重量级的主持人。”

周建萍笑了笑，朝南处长说道：“我和美林肯定到场。至于主持人你看……”她用极其微弱的语调问：“这重量级是什么级呀？”

“至少能让大家耳熟能详吧！”

谁想周建萍居然接着问：“弱弱地问一句，央视的主持人可以吗？”

立马，南处长精神起来：“弱弱地问一句，央视的主持人您能请到？”

周建萍也来了精神：“能啊，能啊！弱弱地问一句，白岩松老师可行？”

南处长兴奋了：“可行，可行！弱弱地问一句，可有费用问题？”

周建萍又道：“弱弱地提个小醒，白老师是韩家的管家……没有费用问题！”

南处长：“白岩松？求之不得呀！”

周建萍：“上一次，鸡票开机仪式本来就想请他，可是他去巴西参加奥运会直播去了！”

南处长：“好！那首发式就请白老师了！您负责联系怎么样？”

周建萍一拍胸脯：“交给我吧！两个小时的时间够吗？”

“够了，足够！首发式也就一个小时。周老师，谢谢您！”

“好，说定了，我们首发式上见！”

望着周建萍离开的背影，南处长兴奋地从口里吐出一句话：“我这就能给陈龙交代了。”

两个人的谈话结束不久，周建萍老师就通知南处长，主持人的事情基本敲定。

万事俱备，东风也来了。

……

第七回

美林直言生肖趣话　岩松巧摆网络合影

待领导和嘉宾都落座后，白岩松走上首发仪式的舞台。

这时台下的观众才注意到这次邮票首发仪式的主持人居然是这位鼎鼎大名的央视名嘴——这都归功于邮票发行部事前的保密工作做得太好了，同一栋楼里其他部门的同事事前居然没有听到一点风声。

“各位中国邮政的员工们，大家上午好，我今天早上经过我家门口的邮局看到大排长龙，我还想说这是哪条地铁线新开的口呀，我怎么不知道，仔细一看，这是邮局。哦，我明白了，又到了发行生肖邮票的日子了。”

“哈哈哈……”

主持人开场的第一句话，就让现场正襟危坐的领导和部门代表们笑开了花，纷纷不由自主地鼓起掌来。

“白岩松真是牛啊，咱们给他的主持稿一个字都没用，可是流程一点没错。这段子也是信手拈来，功力太强了！”小路刚参加工作就加入了这次首发仪式的筹备小组，看到大家对发行部的组织工作纷纷点赞，忍不住要向南处长炫耀了一句：

“大家都在议论，咱们邮票发行部策划得好，居然还把央视主持请到集团来主持了，咱这发布会是春晚级别的。”

“别洋洋得意，一会儿看看白岩松怎么主持的，这可是身经百战的央视主持，你好好学习，以后咱们的活动和稿子都要朝这个方向努力。”行百里者半九十，何况这才刚开始，南处长一点也不敢掉以轻心。

发布会的第一个精彩环节是邀请了来自浙江的沙画艺术家为大家献上一段沙画表演。别看这小小的沙子在你我手中就是北京大风中的扬尘，可到了艺术家的手中，一会儿是憨态可掬的小鸡，一会儿变幻为雄姿勃发的公鸡，灵巧的双手就在幕布上寥寥几次挥舞，立刻又变成了蓝天白云小桥流水人家。

看到这里，大家才明白，这沙画正预告了第四轮生肖邮票的发行主题——“国”和“家”。

接下来是韩美林和邮政集团总经理为《丁酉年》生肖邮票正式揭幕，现场来了不少邮政的“韩粉”和“生肖粉”，这个环节可是大家翘首期盼的。

红色大幕一拉开，现场响起了如雷的掌声，《丁酉年》生肖邮票最后的面纱终于揭开——且见第一枚邮票中的公鸡色彩斑斓、昂首阔步、雄姿勃发，名曰“意气风发”，象征着“国”的概念；第二枚邮票中一只母鸡呵护着两只小鸡，母鸡慈爱，幼鸡憨萌，名曰“丁酉大吉”，寓意“家”的温情。一国一家，就是我们中国人骨子里永恒不变的牵挂；国家的繁盛和家庭的兴旺也是我们中华民族代代承袭、勤奋进取的不竭动力。

韩美林也被现场热烈的气氛感染了，他滔滔不绝地介绍了起来：“俺呀，这次为了你们的邮票，可是下了大功夫，一画就是几百张，画出了个百鸡图。”

韩美林的勤奋即使在他成名以后也没有变过，他喜欢听秦腔，一听秦腔就来劲儿，一来劲儿就能画出好作品，所以为了追求亢奋的创作状态，他甚至把画室地址选到了机场附近，飞机的轰鸣声在常人耳朵里就是噪扰不堪的噪音，到了韩美林这里就成了秦腔一般的鼓点，时时营造出慷慨激昂的状态，泼墨挥毫就在这一鸣一放之间。

“可你们邮票发行的同志还不满意，画了公鸡还要让俺画母鸡，画了母鸡还非让俺给加上小鸡，俺就不愿意，俺喜欢公鸡，雄赳赳气昂昂的多好！”谁也没想到韩美林一开口就是竹筒倒豆子，把个中私下沟通的“秘闻”都吐露了出来，也不管台下陈龙和尹虎尴尬的表情，还打算继续对他们“吐槽”。

“冤枉！”陈龙和尹虎他们同时从口里吐出这两个字，然后又都很无奈地相互看了看。

台下两人的表情被台上的韩先生尽收眼底，他思考了两秒，继而用他的山东话掺杂着普通话抱怨道：“俺给你们邮政画邮票也不是一次两次了，第一轮的生肖猪票是俺画的，可是俺只能落名‘原画作者’，设计者却是别人，俺实在是想不通。”

韩大师是性情中人，说到兴奋之处，也顾不得台下的陈龙一会儿挠头，一会儿眨眼对他示意。

一瞧韩大师在台上抱怨开了，大家都捏了一把冷汗。

还是白岩松机智，连忙打了圆场：“这国家都鼓励二胎了，您看邮票上还不得多画两只小鸡呀，咱得响应政策嘛。”

“那倒是，国家政策我是响应的，这‘家’的概念也是好的。不过我还是喜欢公鸡！”

“就是知道您最喜欢画公鸡，所以这生肖鸡年的邮票就邀请您来创作，不过光画鸡还不够，您的夫人周建萍女士属龙，到了龙年您还

邮票首发式

得画龙。”白岩松连忙接茬。

果然是身经百战的主持人，一说一逗之间不但把韩美林安抚了，还把现场气氛炒热了。

领导和嘉宾纷纷上台发言后，首发式终于接近尾声，南处长始终提着的心也渐渐回到了原位。

哎，主持人好呀，嘉宾也给力呀，领导还配合。万事俱备就欠最后的完美收官了。

这时候，就听见白岩松在舞台上突然说，“让我们最后来一张现在互联网上最流行的自拍照。现在请所有拍照的记者朋友们来到舞台上。”这话一出，大家都是有些摸不着头脑，毕竟，以往的发布会大合照不都是记者站在台下对着台上一通长枪短炮地拍摄吗？

“来，各位领导嘉宾们，我们一起站到舞台下，让记者朋友们的相机对准今天所有的来宾，咱们和在场来宾一起来张大合影。”

看过去年奥斯卡颁奖典礼的人一定都记得那张著名的大牌明星自拍照，原来，这白岩松就是受到了这个主意的启发，想让韩美林和各位嘉宾们同在场的所有观众一起留下一张经典的奥斯卡式自拍照。

这可真是个好主意，在他的安排之下，平时正襟危坐的领导们和韩美林老师都凑到了特别订制的《丁酉年》蛋糕前，白岩松喊“一、二、三，咱们一起举起剪刀手”，刚刚切完蛋糕的韩美林还没闹清啥是网络流行的剪刀手，于是顺手举起了手中切蛋糕的大刀，这一举让全场爆发出了发布会以来最热烈的一次笑声，记者们见缝插针留下了一张独一无二的合照……

就是这样，在一片欢笑声中，2017 年纪特邮票的发行大幕正式拉开了。而此时此刻，在一片闪光灯下，陈龙的脑海里突然闪现了未洋发来的生肖狗年邮票草图，第四轮生肖鸡的邮票正式发行了，新的生肖邮票也就不再遥远，未来的生肖还能延续这两年风生水起的影响力吗？

市场从来不是个人所能控制的，可是对陈龙来说，最重要的是绝不能打无准备之仗，在去年鸡票开机印刷后，他们的团队就开始进行新一年生肖邮票的策划了。

第八回

《戊戌年》陈龙寻泰斗　中秋前尹虎传捷报

大约在一周前，陈龙就给了未洋一张邀请函，让她从印制局过来参加《丁酉年》生肖邮票的首发式，理由是她同韩美林夫人熟悉，过来有个照应，这让她有些许的激动。

未洋虽说是生肖邮票的编辑，可是和许多邮政系统的员工一样，她也只能去邮局排队购买生肖邮票。

按照以往的惯例，生肖邮票的“大牌”设计师都会现身首发仪式现场，这就让这场首发活动显得意义非凡。因此，在邮政不仅生肖邮票是大家趋之若鹜的对象，就连生肖邮票首发仪式的邀请函也是“一函难求”。

看着舞台上的韩美林、周建萍、白岩松和邮政的领导们，台下的未洋心中更是有说不清的感动。

她是“80后”，她的童年时代正是集邮事业一片红火的年代。那个时候还没有互联网，小孩子玩乐的东西不多。而邮票，大概可以算是那个时代人们心中最容易接触到的文化艺术品了。

未洋始终记得自己每个月偷偷从父母给的零花钱中攒下大半，几个月后就揣着被自己翻来覆去数了无数遍的零钱到邮局换一套新发行的邮票。

这个故事说给她后来的同事听，还总被嘲笑："未洋，你现在这么瘦，原来就是为了买邮票饿的呀！"

那个时候身边的小伙伴女孩收集糖纸，男孩收集烟盒，可是她却收集邮票，除了自己攒零花钱买邮票，为了搜集更多盖销票，她还在报纸上交了好多笔友呢，现在想来，还真是"本末倒置"。

这些"宝贝"几乎让她成为了小朋友圈里的"大姐头"。但是在她小小的收藏事业上，却怎么都没收藏上几枚生肖邮票。

大概童年的情愫太深刻了，引领着未洋一步一步走向了邮票这个行业。

她怎么也没有想到，有一天她居然能成为生肖邮票的编辑，圆了自己儿时的生肖邮票梦。

说来有意思，近几年的生肖邮票发行，她都到邮票印制局附近的牛街邮局购买生肖邮票，购买生肖邮票的场面太令人震撼了，用门庭若市、摩肩擦踵来形容，一点都不过分。

虽然没有谁知道这集邮群体到底有多少人？但有一点可以肯定，收藏邮票的人要远远超出收藏钱币、字画、瓷器、珠宝人数的总和！

五光十色的舞台下，未洋握了握拳头，生肖鸡年邮票发行了，生肖狗年邮票还会远吗？她得继续把这重担扛好！

其实，大约5个月前，未洋就接到了狗年生肖邮票进入实施阶段的通知。

说起来，这寻找大师的过程还颇费了一番周折。

2016年8月，《丁酉年》邮票开机仪式才刚刚在热闹声中结束。韩美林、崔永元、陈龙一起走出车间接受采访，在接受采访的路上，他们被媒体和邮票厂的职工们簇拥着走了好长一段距离，大家跟在后面“噼噼啪啪”放鞭炮那样鼓着掌。

有了去年接待黄永玉先生的经验，今年职工们明显是有备而来，手里拿着各种本子、集邮册，寻找机会请韩美林先生签名。

陈龙苦笑了一下，从人群里挤了出来。

“今天的开机仪式极为成功，尤其是韩美林的即兴讲话十分精彩，一口气给大家讲了不少段子，还差点把明年邮政的生肖邮票的设计者提前泄露出去”。

陈龙笑笑，这符合韩美林先生的性格，他可不就是一个思想自由、无拘无束又性情中的艺术家嘛！

想起刚刚韩先生提及的明年生肖邮票的设计者，陈龙陷入了沉思。

是的，到这个时候，陈龙仍然在想着他的生肖邮票设计……

有时候，团队的格局与境界决定了结局的层次与效果。

生肖邮票的设计、印刷、发行的程序环环相扣。他们这个团队，经过近两年的磨合，斗志是昂扬的，激情是高涨的，遇挫是弥坚的，锱铢是必较的，尤其是这最后一条，是必须坚持的。

为此，陈龙心里一直盘算着韩先生不经意间露出的那句话，不禁心神不宁……

“尹虎，你在哪儿？什么！还在车间？快来后面的小花园，叫武马和未洋也一起过来，咱们商量点事儿。”

别看印制局是一个现代化的工厂，但是有一个幽静的后花园，在机器隆隆当中工作一天的工人们偶尔出来透个气，看着绿树成荫的庭院还真能找到“闹中取静”的感觉。

尹虎一听后花园顿时就明白了，凭他对陈龙的了解，估计这家伙此时心急火燎地“召唤”，一定又有什么“幺蛾子”了。

顾不上多想，尹虎赶紧招呼身旁的武马和未洋快点过去集合。

陈龙在后花园焦急地来回踱着步，邮票厂的职工们忙忙碌碌地收拾采访现场。

没几分钟，这三人就匆匆赶来了。

见陈龙站在那里神情漠然，丝毫没有欣赏景致的心境，三人的脚步更快了。

“怎么了？陈龙，这开机仪式有什么纰漏吗？”尹虎喘着粗气问道。

“没有，没有，非常圆满！”好多双手紧紧地握在一起。

“要说遗憾也有一点。”陈龙的要求还是严格。

“啊，什么遗憾？”未洋问道。

陈龙：“你们没听出来……韩先生接受采访时差一点就把明年狗票设计者的名字给披露出来！”

是这样，韩先生是说了一句，有心人还真能捉摸出来。下一步怎么办？这时候大家的目光扫向陈龙。

“陈龙，你分析下，我们也听出来了。”

“我想，咱们得马上启动狗年生肖邮票的组稿了。”

“这么着急？往年不都……年底才启动吗？”武马还没来得及喘匀了气，一听马上就要启动狗年生肖邮票的工作，差点惊落了他的眼镜。

“准备准备，近期咱们就去拜访一下我们物色的狗年邮票的设计者。”陈龙的语气里透着一丝焦虑，他想尽快接触这位绘画界的泰斗，毕竟这位老先生已经是近百岁的高龄了！

“好的，陈龙，我约一下他的女儿——周容教授，她曾经是我在中央工艺美院学习时的老师，然后尽快去家里看看老人。”

尹虎回答得很爽快，没有半点迟疑，更没有以往的纠结。他不容对自己责任的马虎，眨巴着疲惫的小眼睛，并希望通过自己的身体力行，感召带动着团队的“职业精神”。

“呃，加把劲！”临别前，他们还不忘挥挥拳鼓励。这几年的合作，使得这个团队的四个人有了心照不宣的默契。

2016 年 8 月 8 日，当大家还沉浸在《丁酉年》开机仪式的热闹中，这四位却已开始了新的征程。

任务布置下去了，陈龙并没有松气，第二天他早早地来到了办公室。按照往年生肖邮票组稿的经验，他要仔仔细细研究一下这位设计者的作品及经历。

这是他们即将接触的第三位老艺术家了，而他老人家，虽然做事低调，作品拿出来却能让人眼睛一亮。

他曾是开国大典悬挂在天安门上的毛主席油画像的创作者；是人民大会堂著名的“满天星”穹顶的创意提出者；是新中国第二、三、四套人民币票面整体设计者；参加了国徽、政协会徽、少先队旗的设计；也是八一勋章、独立自由勋章、解放勋章、共青团旗的主笔设计者。

他就是被誉为“国家形象设计师”的周令钊。

关于周令钊创作开国大典时天安门悬挂的毛主席油画像，有一段许多人耳熟能详的故事。

1949 年 9 月的一天，北京国立艺术专科学校党委书记江丰找到周令钊，说开国大典筹备处要他为天安门城楼画一幅毛主席像。接到任务时，年仅 30 岁的周令钊还是国立艺专实用美术系的一位讲师，在国立艺专被称为“快手周”——构思快，动手快，效果好。

由于时间紧张，周令钊不敢耽搁，他带着他的得意学生、新婚夫人陈若菊立刻投入了工作。每天天刚蒙蒙亮时，他们就开始作画。当时刚解放条件差，没有大画室、没有升降机、没有放大投影仪，画像太大，高 6 米，宽 4.6 米，运输也不方便，他们就决定在天安门城楼上主殿外东墙根露天处，把钉好的马口铁大画板固定好，在画板前搭起两层脚手架，一画就是一天，直到天黑看不见为止，还要经常在脚手架上爬上爬下，站在远处观察画得像不像。

9 月 30 日，开国大典筹委会副主任、北京市市长聂荣臻特意来审查。他在审稿时发现了一个问题：画像中主席的领口是敞开着的！于是他便说，毛主席像画得像，神情也好，但明天是开国大典，主席的风纪扣还是扣上的好。原来，周令钊画的毛主席原型是依据摄影师郑景康在延安拍摄的毛主席与朱瑞合影的剪切版，当时照片上毛主席的衣领就是敞开的。周令钊他们听后立即动手修改，画完已是华灯初上。

大约用了近三个星期的时间，这件非同一般的作品终于完成了——一幅高 6 米、宽 4.6 米的画像挂在了天安门城楼上。画面中毛主席头戴八角帽、身穿粗呢子制服、脸部稍稍上仰，露出慈祥的笑容。画像展现了毛主席的诗人气质和特有的性格风度，也成为了开国大典上永远载入新中国历史的一个画面。

周令钊有那么多经典作品加身，不能不让人佩服得五体投地，用韩美林的话说，他见了这位老师都得跪下磕个头。

这样一位近百岁的美术界泰斗，能答应再次为他们创作生肖邮票吗？而且他那么大年纪了，还能画得动吗？陈龙的内心是忐忑的。

陈龙抓起电话，还在上班路上的尹虎手机猛地响了起来，尹虎纳闷，谁会这么早？他低头一看是陈龙，凭经验他知道这么早给他打电话准不是好事！为此，他心里有那么一点烦恼，有那么一点无奈！

尹虎刚想仰天长叹，无奈嘴巴张了张发出一声：“喂……陈龙，怎么？昨天才布置的‘作业’……”

“尹虎，不是问你联系得怎么样了。我知道，那件事没那么快！”

“哦？那是什么事儿？请讲。”

“我刚才在网上查了一下这位设计者的资料，知道他很低调，不怎么参加社会活动，更别说有经纪人。我考虑……咱们这次更要格外地保密！”

保密？尹虎清楚，每次生肖邮票设计之初，都严格保密！

“这位老人家同黄永玉、韩美林两位先生相比，年纪更大些，通过前两套邮票你还看不出来吗？生肖票的影响太大了，只要是我们稍稍透露一点点设计者的信息，社会上就会有很多人抓住这个机会去找老先生。到时候人家会不堪其扰。”

尹虎“嘿嘿”两声。

“你笑什么？我说的不对？”陈龙为尹虎一笑所困惑，难道想错了？

“陈龙啊陈龙，没想到每天急赤白脸的陈龙，也粗中有细。居然替先生着想了……”

换位思维，是与人交往的最高境界！

严格来说，陈龙不是位胸怀大志的男人，“对得起自己这份职业”是他给自己定的标准。

陈龙理想着能轻松地上班干自己喜欢干且又能干的事情，能有一帮脾气相投的同事相处，别无他求！

看开了，也是一种境界。

此时的陈龙正在翻看着收集到的生肖狗图片——各种品种、各种颜色、各种大小、各种组合，这些形象像走马灯一样，轮番地在他脑子里“汪汪”叫。

“叮咚！”尹虎、武马和未洋的手机同时响了。

“同志们，看看这张照片，第一枚咱们就用一条喜气洋洋的狗，仰着头微微笑着，过年嘛！你们看看这种感觉怎么样，大家讨论一下。”

别看陈龙平时严肃正经，但是他对新鲜事物一点都不排斥。这不他建了个微信群把其他三个人拉了进来，大家能在群里第一时间收到消息并展开讨论。

大家一看马上兴奋起来，好像早就等着这话题：

“我觉得可行，这个表情很亲切，又喜庆！”

“我觉得狗得威武些，它是看家护院、护佑平安的保护神。家里有了狗，晚上睡觉都心安。”

“我倒觉得这样得意洋洋的表情突破了以前狗的形象，看了高兴。”

大家你一言我一语。

“同志们，再看这个，第二枚呢？明年还是一家亲的概念吧？狗还有没有其他的典故呀？”

“当然有，狗寓意家业兴旺，还有就是忠诚。”

“我考虑可不可以这样，你们看这张图一只大狗一只小狗温情对望、舐犊情深。是不是可以作为第二枚的内容？”

“好温馨啊，我喜欢！”未洋这女娃毕竟年轻，一看到这样的画面就忍不住赞叹了一句。

“是啊，是啊。”其他人纷纷道，“我也认为可行，感觉不错！”

陈龙心里松了一口气，经过一天的图片分享讨论。四位基本统一了观点，又各自找了很多资料充实，不得不说，这互联网的办公模式还真是高效。

大概有人会疑惑，既然是请设计师设计，又为什么需要先找好参考的造型图片呢？这还得套句古话，叫“闻道有先后，术业有专攻”。

虽然生肖邮票所邀请的都是顶级的艺术大家，但都不是常年从事邮票设计的设计师，他们的优势在于绘画功底和审美能力，而对于一轮十二套邮票画面的协调性和内容的一致性，还需要这些专门从事邮票发行工作的人事先做好基础工作。没有打牢这层地基，再好的戏也唱不出味呀！

不过，陈龙心里还是不踏实，他嘴里喃喃道："不知道老先生会不会接下这个重要的任务？"

中秋节就快到了，这是一个举家团圆的时节，陈龙想着今年大概能抽出些时间回到东北老家和亲戚们聚一聚。要是能在节前把生肖邮票的人选确定了，那就再好不过！

外面天色已经暗了，陈龙看了一眼成果，起身要走，尹虎的电话打了进来。

"陈龙，一个好消息和一个坏消息，你要先听哪一个？"

"好消息，快说！"陈龙翻了个白眼，心想这个尹虎，看来这次约稿没什么压力，还有心思开起玩笑了。

尹虎哈哈一笑："老先生答应了，我想咱们打铁趁热，中秋节前就去看看老先生，怎么样？"

"老先生答应了？太好了，说定了，告诉我具体时间！那先这样，尹虎！再见！"

"再见？"诧异间，尹虎忙说："哎哎哎，别着急，这还有一个消息呢！"

"对！还有一个坏消息，什么消息？请讲。"陈龙听见第一个好消息后，哪儿还有心思听别的。

"印刷的机器又坏了……最近这台胶雕机总出故障，进度上估计又拖慢了。"

说起这胶雕机的稳定性还真是个问题，每到印刷的关键时刻它准“撂挑子”！

“不过，陈龙，你别急，我们已经找技师来修了。”尹虎了解陈龙的急性子，赶忙补充了一句。

听到这个消息的陈龙，锁紧了眉头，心里很纠结。他深知，这邮票设计靠“发挥”，可邮票的印刷要靠“实力”！

鸡票印刷过程中虽然解决了很多滋墨、空、花等印刷技术难点，但是今年这胶雕机实在是不争气，总出故障，批量印刷的质量要大打折扣。

这也让陈龙着实头疼。这生肖猴票和鸡票的开机仪式都是在你身旁举行的，你得到了无数的荣誉，无数的掌声，可是关键的时候你一定要争气呀！

其实，这台胶雕机从上个世纪进口至今已经有 20 多年的“机龄”，长期超负荷运转，年久失修，许多零件早该换了。

“对了，尹虎，既然大师答应了，咱们就尽快约个时间登门拜访吧！”陈龙不改“着急”本色，催着尹虎。

“就知道你会这么说，我已经跟周容老师约好啦，中秋节前就去！”

就这样，生肖狗年纪念邮票的策划工作提前一年多正式启动了。

第九回

国博大展美林邀约　新书签名陈龙应允

这是一个周末，陈龙闲不着，他来到国家博物馆参观《美林八十大展》。

参观展览，半是他的兴趣所致，半是工作需要——韩美林为中国邮政设计了今年的生肖邮票，于公于私他都要来支持一下大展。

参观完展览过后，韩美林、周建萍夫妇请陈龙到国博的休息厅喝咖啡。

三人坐定后，服务生走到他们面前，韩美林夫妇俩各点了一份饮料，点完后周建萍柔声的问陈龙喝什么，陈龙清醒过来，他是个土包子，喝酒他懂，这喝咖啡就外行了。

于是，他语无伦次地说“不要不要”，但周建萍无比坚定地帮他点了杯意大利咖啡——卡布基诺。

陈龙瞪着两只大眼睛，不住地说着“谢谢”和“很少喝咖啡”。

周建萍明显看出陈龙的窘态了，说道：“陈龙，喝点咖啡好，解乏。这几天大展，美林一天要过来喝几次，要是不喝就没了精神。”

依陈龙的经验判断，有足够的迹象显示韩美林夫妇今天一定有事情要谈。

咖啡上来了，陈龙端起咖啡慢慢品尝。

陈龙知道大家到这里不完全是喝咖啡，于是就等下文。

周建萍：“陈龙，有件事情想同你商量。”

陈龙：“什么事，您请说。”

周建萍：“美林大展要持续两个月，每天都要有一些活动。美林有一个想法，生肖鸡票也发行了，想利用半天的时间在国博为邮迷签名。”

陈龙：“这是好事，我们邮政支持，我们可以专门给韩先生提供一些鸡票四方连或者是鸡年邮票首日封用作签名，邮迷们一定喜欢。”

周建萍：“这就太好了，可是仅有这些还不够。”

陈龙：“还需要什么？您说，我会尽力支持。”

周建萍：“美林想，让你陪着他签书。”

陈龙看着她，有点惊讶：“我……”

令周建萍失望的是陈龙挠挠头，好久没有说话。

周建萍看到陈龙不搭茬，又问：“你倒是说说你的意见呀！”

陈龙：“我怎么能签书？呵呵，这个难度系数相当大！”这话听起来最直白的翻译是“我不想去”；欲言又止的翻译是“我这个层次的人怎么配到国博和艺术大师一起签书！”

周建萍：“说说为什么？”

陈龙：“太简单不过了，韩先生是中国艺术界的大家，正好在国博办展，又是生肖鸡票的设计者，他在国博签他设计的生肖邮票，那是天经地义、顺理成章的事！我陈龙算什么？无名鼠辈一个。自知之明，这点觉悟，咱还是有滴！”

周建萍：“也不能这样说，至少书是你写的吧？据说还很畅销，在南宁亚洲邮展上还搞过首发式！”

陈龙：“确实，这本书卖得不错。咱得意，但不发飘！您知道，写书时我可是用了笔名的，您说的那个首发式，我当时也在现场，可就是没去参加！知道这是为什么吗？”

“不知道，为什么？”

“就是不想在这个圈里面抛头露面。”

“你不抛头露面，这圈里人就不知道这书是谁写的了？”

“几乎无人知道！”

“你那个笔名稍加分析就知道是谁了。”

“现在的人都比较简单，没人伤这个脑筋。”

周建萍被陈龙的一番话搅得晕头转向，无限感慨地说：“你这种无欲无求的人确实少见。你是不是有点太低调了？”

两人之间的谈话就这样枯燥无味，坐在旁边的韩先生相当地走神。

陈龙后来又说了一句令韩美林夫妇倒吸一口气的话：“周老师，您这是往死里夸我！我这个人，您们还不十分了解，就是不喜欢沽名钓誉！”

签名和“沽名钓誉”联系在一起，周建萍笑死了：“这怎么是沽名钓誉呢？也是宣传集邮嘛！”

陈龙一边不住地摇头，一边想起杯子里还剩了一点咖啡，紧忙喝了一口，说了半天还真有点口干舌燥。

周建萍百思不得其解，陈龙表面看起来是典型的东北大汉，为人办事也十分豪爽，怎么在签书这件事上居然胆怯裹步！

陈龙：“周老师，咱们换位思考，我现在负责邮票发行，我的本职工作是把发行工作搞好，如果我来签书，圈内的人会认为这个家伙整天不务正业！”

周建萍一脸茫然，老实说即便换位思考，签书也不能算“不务正业”，这个帽子，虽然是自己给自己戴的，是不是太大了！

跟陈龙谈签书的事实在是伤脑筋，他整个一个油盐不进。

进展完全没有，说服陈龙几乎没有可能。坐在一旁的韩美林也不住地摇头，不过，碍于面子他未加评论。

周建萍放下杯子，对于陈龙的“不开窍”，相当的“怒其不争”！一番苦思冥想后，又说道：“其实，美林也没有别的意思，他一个人签邮票多寂寞、多孤独呀！有人做伴多好呀！那句老话怎么说的了？两人搭配，签字不累！你说是不是呀？”

这个问题实在难以回答，人家老话是说“男女搭配，干活不累”，周建萍明显是“篡改”了原意。

再说了，无论是“寂寞和孤独”还是“签字不累”，都说的是韩先生大师级档次的事，和陈龙搭不上界。

好在陈龙还算聪明，他这样作答：“这容易呀，我有办法。周老师，您的新书《永不凋谢》也刚刚出版，您陪韩先生签。对了，这是多么好的画面，永不凋谢，比翼齐飞！”

周建萍对陈龙无计可施，没辙归没辙，不过执着的周建萍仍不打算放弃。她理了理情绪，继续喝那杯好像永远喝不完的咖啡，两眼直视着陈龙，也想借机窥探他的内心！

周建萍：“陈龙，我陪美林签字确实没问题。可是我的那本小书写的是我俩谈恋爱的事情，同美林画生肖鸡票没有半毛钱关系。来签名的大都是集邮者，你想呀，人家签完了邮票后，还要买一本我写的书，是不是有搭售之嫌呀！我可不愿意落下这样的名声。你的书就不一样了，就是写这生肖鸡票，写的美林。邮票与书搭配着签名简直就是绝配！”

一听“绝配”二字，陈龙脸霎时就红了，周建萍又给自己带了一顶“高帽”。他想做个轻松含笑的表情，但别扭得很：“你们夫妇才是‘绝配’，一起签名叫‘比翼齐飞’，我要是同韩老师一起签名，那叫‘狐假虎威’！”

自甘堕落，恨铁不成钢啊！伤透了心！周建萍长吁短叹，似在叹息：以后我们不做朋友了！韩先生闷声不语，含义是：匪夷所思！

看着两位老师的表情，陈龙满是不解、委屈，头上的汗水也下来了，辩道：“怎么啦？这可是我真实的想法啊！”

周建萍有足够的耐心，语重心长地启发道：“陈龙，你的想法我们能理解，不过，向你这样‘轴’的人在我的圈子里确实不多，人家都说‘过分的谦虚就是骄傲’，我怎么觉得你是在故意拿一把呢！你能不能学会通融一点，变通一点！就一点，我求你了！”

此处省略相当多的字，皆为你有来言，我有去语。

好像说得差不多了，话说到这份上，也说到极致了。

周建萍心碎了一地，也不多说了。

点到即止是她一贯的风格，那陈龙要真是顽固不化，她也没有办法了。

陈龙怔了数怔，觉得是不是应该给周建萍老师点面子？是的，不就是个签名嘛！人家苦口婆心，好话说了一大车，再不听劝就不知好歹了！

想到此，陈龙一个转念，就顺周建萍的意，灿然一笑道：“韩先生、周老师！”他把杯子放到茶几上，“非要去签书的话，我有两个条件！”

“还有条件！”空气顿时凝固了起来，韩美林夫妇屏气息声，两双充满期待的眼神一起投向闷头喝咖啡的陈龙。

尤其是周建萍，谁都知道她盼的是什么答案。不过，她知道陈龙这话里一定别有隐情，就道：“陈龙，没问题，你说吧！”

陈龙认真地说道：“我去也可以，一是签名不签真名，只签笔名‘汪嵩’；二是只能是公休日或节假日，不能在工作日里签名！”

周建萍一听云开雾散，又是恼怒又带着些许的释然，说道：“哎，这就对了！这算什么条件，我们原来也是这样想的。”

陈龙擦了擦惊出的汗，明白过关了！

临别时周建萍没忘记提醒陈龙一句：“陈龙，你可是答应了，不带食言的！”

第十回

进国博汪蒿心飞扬　见作者邮迷热心肠

话说三人计议已定，决定 2017 年的大年初六，韩先生和陈龙一起来到国博！

为了这次签名，回家探亲的陈龙初五就提前从东北赶了回来。平常很少回家乡，妹妹、弟弟“依依不舍”，陈龙只能“含泪话别”！

妹妹尤其不放心，她对陈龙道：“哥，你跟韩先生这大师级的人物签名，要是读者不找你签，只找韩先生签……你会不会很尴尬呀？”

弟弟情绪已经无比低落，失魂落魄地道：“全家人都等着你回来过年，你可倒好，这年过得，酒都没喝好。要不哥你签完名再回来，来回的火车票我出了！”

陈龙安慰道：“没关系，要是没人找我签，我还可以帮助韩先生维持秩序。”

妹妹一怔，凄然道：“哥，大过年的……帮人维持秩序，咱不去行不？”

陈龙抹抹头发，朝妹妹说道：“已经答应人家了，不能反悔！尽管放心，不会没人签名的！”

弟弟反反复复地打量哥哥的脸色，道：“哥，真的有把握吗？”

陈龙拍拍弟弟的肩膀，道：“兄弟，哥这点把握还是有的！这本书是专门写韩美林先生的，很受邮迷喜欢。”

弟弟深吸口气，道：“哥，你写的那些东西，兄弟我读过，文采一般，同专业作家相比有差距，要是真的没人来签名，也属正常。咱没法跟韩先生比不是，人家多大的名气，不能往心里去呀，更不能生气……理性啊，你一定要理性！要报以善意的微笑。要不我们全家也不过年了，陪你过去，在你面前排队，假装索要签名如何？”

陈龙感动得脸上泪水在横流，他说不下去话，只朝弟弟摆摆手，做了一个“没有必要”的手势。

国家博物馆。

这里是韩先生再熟悉不过的地方，这里是陈龙再陌生不过的殿堂！

他们来了，分别带着一颗平常和忐忑的心来的。

让陈龙始料不及的是，签字台前面已经排了好几百人，事实证明自己多虑了，悬着的心终于放下了。

他问周建萍老师：“这么多人呀？”

周建萍老师：“这人不算多，看来不到一千人。”

这时候韩美林艺术馆的工作人员早已经把要签字的首日封、邮折、书籍、签字笔准备好了，摆在签字台上。

站在眼前排队的邮迷显然有许多是从外地匆忙赶来的，但见一颗颗汗珠从他们后脑勺滑下……他们心里清楚，来晚了，可就签不着了！

坐在签字台前的时候，看到面前一张张既亲切又陌生的面孔，陈龙倍感温暖！

一本本书摆在陈龙的面前，因是他平生第一次签书，没有经验，

长长的“人龙”

随口问邮迷："你希望签什么字？"

邮迷："当然是名字！"

旁边的邮迷一起摇脑袋："不仅是名字，最好有几句励志的话语，比如'业精于勤'什么的！"

正说话间一位年轻人从后面大步走来，好言相劝道："这么多人排队，签个名字就行。否则我们排在后边的，要等到猴年马月啦？"

前面的一位看着60岁上下的邮迷不高兴："呃，有点耐心好不好，谁让你不早来排队。"

那年轻人立马变了态度，加大分贝："我们买生肖邮票在邮局门口排队，现在签书还要在这里排队。"

前面的邮迷两眼一瞪铜铃大，一声怒吼："这没有办法！干什么都要讲究个先来后到！"

年轻人被吓傻了，怔了一怔，发现不妙："好，好，好，我等！我等！"扔了一地的叹息，走了。

"在国博这样的地方，咱得讲文明。"

"年轻人别这么冲动，赶紧让汪嵩老师签字！呃，我说是谁又出来仗义直言了，原来是你，老张！"

一个皮肤黝黑、发色黑白夹杂的男子一手拿着自己的羽绒服，一手还拎着一个大纸袋。只见他一脸他乡遇故知的兴奋，拍打着刚才出言喝止年轻人的那位老者："是我呀，赵三！"

这喝止年轻人的老者就是老张。老张定睛一看，嘿，还真是赵三。说起来这已经是他俩第三回为了生肖邮票而相遇了。

赵三见老张手中也拿着《猴年过后是鸡年》来找汪嵩签名，忙不迭地对他打趣道："嘿，这不会就是上回我为了加塞儿'贿赂'你的那本书吧。"

老张呵呵一乐，还真被赵三给说中了。

上回在熬夜排队买生肖时巧遇了赵三，所谓不打不相识，二人也算因鸡票和这本书结下了缘。买了邮票后，赵三就依着许诺把书送给了老张。

这老张回家后，拿出了年轻时候读金庸小说的热乎劲儿，戴上老花镜一看就是整整一天，连午饭也是匆匆吃两口就又捧起书来。

赵三说的没错，虽说这是一本小说，书中大概有些许演绎的成分，但是这生肖鸡票诞生的前因后果可算是揭开了神秘面纱，让他这样常年对生肖邮票“只见其票，不解其意”的“邮痴”看得一会儿哈哈大笑，一会儿拍桌子摔书。

现如今，他对书中的人物早已经是如数家珍了，什么陈龙、尹虎、武马、未洋，早就活灵活现地在他的脑海之中。

这不，听说今天韩美林和这本书的作者在国博签名，他就起个大早赶来排队了。

“韩老师好，汪嵩老师好！”靠近队伍前排的邮迷不住向韩美林和陈龙打招呼。

“汪嵩是谁？”陈龙听见排队的邮迷里嘈嘈杂杂地响起了喊他的声音，这才想起这是自己的笔名。把自己称作“汪嵩”，陈龙还真有些不习惯。

一位邮迷套近乎地问：“汪老师，您同陈龙熟吧？”

陈龙实话实说：“算认识吧。”

“书中介绍，他负责邮票发行？”

“是的，不过，透露一个小秘密，陈龙这个人物不是个体，是邮票发行部的群体。”

忽然人群后闪出一位帅哥，说了一声：“我就不喜欢陈龙这个人物！”但见那帅哥梳着大背头，端的是艺术气质，一看就是美院的大学生，那个帅哥还对其他的邮迷耳语了几句。

邮迷："哦，是了，你说的对，陈龙这个人太固执，还多少有点跋扈！至少书里是这样介绍的。"

帅哥："什么多少，就是跋扈！"

太戏剧化了，陈龙感觉有点尴尬，过来签名，没想到遭到众人批判了。

陈龙不干了："为什么这样说他？我看他挺顺和的，没有你们说的那样跋扈！"

帅哥大急："你看看，你看看，'官官相护'吧！"

赵三拍了一下帅哥的肩膀："小兄弟，你说的没错，就说陈龙选择上邮票的这个鸡的图案，《美林大展》展出了韩先生画的近100幅鸡，大家可以比较一下，都比陈龙选的那幅好。"

帅哥有些急了："这本书我翻过，陈龙说韩先生画的那些鸡装饰性太强，说有的看起来像凤凰，不像鸡！"

瞧瞧，帅哥说这话时拽得很，很生气，还严肃地敲着签字台："这陈龙到底懂不懂艺术！能说对韩老师的创作尊重吗？"

什么都明白了！躺着也中枪，陈龙提高声音回答道："有点上纲上线了吧！怎么能说对韩老师不尊重呢！"

帅哥气愤难当："我说不尊重就是不尊重……要是尊重韩老师，就应该让韩先生自己选！"

老张等人赶忙拉住帅哥，摆摆手："冷静，冷静！我们今天是来签名的，不是来开批评会的！"

帅哥瞅了瞅几位道："我没别的意思，就是想为韩先生鸣不平！"

老张、赵三和另外一个邮迷赶紧把帅哥拉到一旁，劝慰他："作者说了这是小说，不能一一对应、太过当真。”

帅哥坚持道：“汪老师，你就应该把陈龙请到国博来，让他看看韩先生画的那些鸡，都展在那儿，多生动、多精彩！”

遭此突变，真是闻所未闻！陈龙的脸一阵白一阵红，叹息连连：“没想到，没想到，邮迷有这么多意见！”

他看到大家平静下来后，说道：“亲爱的邮迷朋友，这陈龙确实摊上大事了，我看见他一定转达你们的意见！”

不过，此时陈龙心里是这样想的，爱谁谁，自己真不能当回事。

这时候倒是刚才没吭声的老张说了几句话令大家吃了一惊：“瞧瞧，你们净说人家陈龙不懂，其实是你们不懂。人家邮政第四轮生肖邮票确定的设计风格是写实加装饰。再看看韩先生画的所有的鸡，就上邮票这幅鸡符合要求。我看陈龙这次是踧扈对了。”

“嗨，这位先生说得对！”支持这个观点的声音此起彼伏。这邮政发行邮票，确定权在邮政，也应该有自己的主张。

应该是这个理，大家想。

邮迷们蛮善解人意的，陈龙听后很为感动。

他急忙扭头对善解人意的老张说道：“你的意见我能转达给陈龙吗？”

老张没想到陈龙会回应他，吓了一跳：“你可以转达，不过还要加上一条。”

陈龙问道：“什么意见？”

老张咧嘴：“哎呀，不好说出口，就是新邮预订能不能敞开呀？随便订，我帮亲戚订了几年都没有订到！”

旁边的邮迷一听是这个意见，气不打一处来：“你这个老哥，你来这一手，到底什么意思？你不知道，收藏是‘物以稀为贵’嘛！人手一份的预订还叫预订吗？”

老张急忙摆手：“老弟你别介意，千万别误会。你可知道全世界就中国实行新邮预订，用陈龙的话叫什么‘中国特色’，真会给自己找辙。都什么年代了，还搞计划经济这一套，是不是有点落伍了！”

一听老张这么说，连赵三都批评他糊涂。很多人更是大怒，非要他收回意见不可，他们都知道陈龙的跋扈，要是陈龙真的采纳了他的意见，中国的集邮可就完了。

大家你一言我一语的，队伍又停止了往前移动。

见到书的作者，邮迷们的嘴巴都咧到耳根了，说出很多热情鼓励的话，意思汇总就是：集邮系列丛书写得不错，他们每本都看，还和邮友们交流，如果作者能坚持写下去，他们也会坚持读下去，他们会在作者身边，同呼吸，共命运，是邮迷们多么幸福的事啊！

陈龙一笑：“能不能写下去，还难说。人都有退休的时候。”

“你是说你快退休了，什么时候退休？”

“还有两年就该退了！”

“退休后可以到协会干点什么，你毕竟是老集邮了！”

“不干了，不干了。回家了！”

“那你赶紧培养接班人呀。这样的书我们挺愿意看的，讲的都是邮票背后的故事，平常可没地方听。”

“好的，我会考虑的。我有两位同事文笔不错，已经交待她们写狗年邮票的事情了。”

“真令人期待！到时候也搞个签名活动。”

“书名我都替她们想好了，叫《百岁贺旺年》。”

“能透露点书中的内容吗？”

“还没写呢，怎么透露呀。现在能告诉你们的是，她们是两位20

多岁的女孩，文笔比我的要好得多。”

“看来汪嵩老师很有自知之明，我说了你别不高兴，你的文笔确实一般，我们之所以愿意看，就是你的书里信息量大，好多情况我们不清楚。”

“好了，不说这个话题了，你们没看到那么多的人在排队！”

见大家一脸的诧异，陈龙解释道：“今天签名，网上预约了500人，还有很多是自发过来的，到目前还没签几个。”

大家一听点头表示理解，善解人意地重新排好队，那排队的秩序说好就自然好起来，一点征兆都没有。

可是韩美林签邮票那边却没有陈龙签书这里显得平静，毕竟大家都是冲着韩先生来的，就听保安道：“大家注意了，每个人只能签一份，多了不给签。那位大爷听到了没有，就是你，拿了那么多的邮票，我特意来告知你的！”

大爷有的只有乞求，他道：“小兄弟，我一大早就来了！我这些邮票都是韩先生设计的，你看这是第一轮生肖邮票，这是《熊猫》邮票，这是第四轮生肖邮票！”

保安没理睬大爷，他走到大爷面前，上上下下检索……

大爷一怔：“小兄弟，你在干啥？”

保安很坚持原则：“大爷，我看看，你说的是不是真的。”

大爷强装笑脸：“兄弟，你放心吧，全都是真的！假的谁会拿来签字？”

保安半信半疑地检查了一遍，没发现异常，再看大爷的神色，已然很镇定，就信了。

这一处的秩序刚维持好，另一处又起波澜，两个邮迷不知什么原因吵了起来，保安立马暴怒，喝道：“你们两个到外面去吵架，这里是国博！”

有邮迷感慨道：“咱邮迷是有素质的，不能在国博撒野！”

两个邮迷见惹了众怒，唯恐签不成名，大为惊恐，急忙表示：“各位，各位，我们不吵了，不吵了……我们排队。”

“这还差不多！”

紧接着听到急促的脚步声，伴随着老妇人激动的吼声：“韩老师，韩老师，赶紧给我看看，我这是在拍卖会上买的您的画，花了26万！您鉴定一下，是真的还是假的？”

一幅画摆在韩先生面前，这多少让韩先生吃惊不小。说好的是签邮票，怎么还有人让鉴定字画呀！

韩美林整整衣衫，只是在画上瞄了一眼，睁着双眼道：“莫不是我眼花了？”他看了一眼老妇人充满期待的眼神，凛然道：“老妹妹，你上当了，这不是我画的，你被人骗了……”

围观吃瓜的群众都十分愕然。那妇人更是大急，冷汗如雨：“韩老师，您再多看几眼，人家拍卖专家可说是真迹。”

韩美林摇摇头，朝那妇人笑笑：“我画过没画过，我还不知道？”

老妇人一听，只泪奔了几秒钟就晕了过去。

保安一见大事不好，立马把老妇人搀了出来……吃瓜的群众围成一圈，莫不掩面悲戚。

韩美林也起身站了起来，但见老妇人心痛如绞，嘴唇微抖，面色惨黄。

保安赶紧拿来矿泉水朝老妇人口里灌了下去，见妇人还有动静，便和另一位保安一左一右搀扶到僻静处。

再用水来灌……老妇人气息终于有了。

老妇人醒来连声叫苦：“哎呀，我也是财迷心窍，怎么就上了当了，这可是 26 万买的呀！”

真是满纸荒唐画一把辛酸泪啊，周建萍老师是越看越心酸，她冷静分析了下形势，道：“老大姐，您赶紧去找拍卖的组织者，也许能有救！”

那妇人：“拍卖早就结束了，让我上哪儿去找？”

周建萍对老妇人讲到了很多画廊，甚至大画廊，很多拍卖，甚至很有影响的拍卖，都有韩先生的假画充斥……明白了，老妇人全明白了！

“真是伤天害理呀！”

在整个签字环节中，老妇人的“假画门”只是一个小小的插曲，但是整个过程令人感叹低徊，唏嘘不已。

给邮迷们签字，陈龙和韩先生不约而同地用上“感谢”这个词。当然，陈龙承认没有韩先生写得好，但他和韩先生一样在写的时候饱含真情！

我们爱你，邮迷！你们对邮票就这样自由自在地迷下去吧，祝愿你邮迷，永远永远，今生今世。

因为正逢春节期间，他们因此也就多了欢天喜地的理由，当然对于陈龙来说实在是难得，他从内心感谢韩先生，感谢生肖邮票，因为他们，他才能到这平常想都不敢想的圣殿签字，这一天成了他心中最永恒、最值得珍藏的纪念日。

小画迷、小邮迷和小书迷

第十一回

再访周家狗票易稿　写实装饰各有所好

冬天的早晨，北京城笼罩在氤氲的雾气中，道路两边的树木蒙着一层花白的霜，柳树的枝条，远看像百岁老翁的胡子。人们捂着厚重的围巾，小步快走。偶尔一阵风过来，人们把头缩得更低。

北方的冬天才是冬天！

尹虎坐在办公室里，眼看就要过农历春节了。

鸡年邮票首发式刚刚结束，从 1 月 5 日到春节前，是生肖邮票最热闹的几天了。

此时印制局的楼道里异常安静，连打招呼的声音都极少听见。设计师们应该都在各地参加生肖邮票的活动。

要是以前，这时候的尹虎也不会闲着，在各城市之间，体会着邮迷们的热情。

说起邮迷的热情，尹虎深有体会，因为他常年“深入基层”，所以与这个可爱的群体有着频繁的互动。

一开始他并不觉得，在他看来邮票设计与他上学时候做的其他设计没什么区别，只是载体不同而已。可是工作了几年，他看到了形形色色的人甚至是老人，对邮票有着很深的感情，甚至痴迷。作为邮票设计师的他渐渐感觉到了邮票的温度。

他刚工作时，还是一个20来岁的毛头小伙儿，那时工作单位还在和平门，一到下班，他经常能遇见一位大哥，这位大哥瘦瘦高高，背总是直挺挺的，更显得比别人高出半个头，脸上总是带着微笑。

他像一个忍者一样，不知道啥时候就出现了，过几天又见不到了，有时候在台阶上一坐就是一下午，见着邮票设计师，就上前打招呼。

有一次，尹虎刚设计了一套邮票，正美滋滋地从单位出来，心想着出去吃一顿，犒劳一下自己这几个月的辛苦。

正得意时，忽然听到有人叫了声："哥哥！"尹虎回头一看，正是自己以前经常见的这位大哥。他比自己起码大了10岁以上，怎么叫自己"哥哥"？尹虎显得有些局促，微微向"大哥"点了点头。

"您是在叫我吗？大……哥？"尹虎向四下看看，没别的人了。

"哥哥，您好啊，您是尹虎老师吧？"这位大哥一开口，浓重的天津味儿普通话扑面而来，带着一种天然的亲切感。

"啊，是啊，我是尹虎。"尹虎迟疑地点点头，看得出他有点蒙圈了。

"尹虎老师，您好啊！没想到您介样年轻啊！我是天津来的，您最近不是刚设计了一套邮票嘛，介不，我想请您帮个忙签个名呗。"

尹虎快速地签了名，"大叔"一直拉着他说喜欢他设计的邮票。告别时，那人笑眯眯地客气点了点头，道了再见。

尹虎感觉到了一种理解和欣赏，原来有人在乎他的设计，也会因为他的设计从另外一个城市跑来签名，而且收藏一辈子。

这天早上，尹虎早早来到单位批样。

路上哈气成冰。

走到门口，忽然有人用熟悉的声音叫道："哥哥，您早啊！"。

尹虎向他一摆手："老哥，您又来了？"

大哥一边哈气一边搓手，他的脸上褶子越来越深，特别是笑的时候，仿佛那个文物"说唱俑"。他的头发都白了，比以前更瘦，背也偻佝了。

"那么冷的天屋里坐会儿？"尹虎有些于心不忍。

"不了，我在这儿站着等等小明老师。我介不想请她签一张生肖邮票嘛！"

"您够勤快的，为了一张生肖邮票跑那么远挨冻。"尹虎接道。

"咳，介不就为了介点儿爱好嘛！这辈子就跟它们亲，没别的喜爱了！我也退休了，没嘛事儿，就当出来溜溜呗。"

30 年，很多事情都变了。尹虎的单位从和平门搬到了牛街；尹虎从 20 几岁的毛头小伙儿变成了 50 多岁的邮票设计师。这位"大哥"也从以前同事嘴里的"天津大哥"成了"天津大爷"，头发从浓黑茂密到花白稀疏。可是很多事情也都没有变，比如，那一声熟悉的"哥哥"，比如每发行一套邮票他就出现了，为了一套喜欢的邮票和一个签名，一等就是一天；比如，他对邮票的热爱从来没有减掉半分。

对于尹虎来说，他见过很多这样数十年如一日的邮迷。大部分邮迷都是平头老百姓，一生的爱好就是集邮，把积蓄都用来买邮票，然后再请设计者签上名字，就觉得很高兴。他们看起来很普通，但某种意义上说又很富有。这些邮迷看着一代又一代的老设计家退休，又迎来一代又一代的新生设计师，时代的变迁也在他们的收藏中保存了下来。

所以，尹虎只要见到邮迷要求签字的，有求必应，甚至是自己出邮费把签好字的邮票再寄回去。特别是生肖邮票发行之后，邮迷就更活跃了，寄信、蹲点儿、托熟人带，各种方法，各种途径，各显神通。

生肖邮票可以说是邮迷们全年最喜欢、最看重的一套邮票，所以一到这时候大家也最活跃，完全成了邮迷的“趴体”。

想到最近收到的像纸片一样的挂号信、快递，尹虎有些坐不住了。

今年的生肖邮票已经落定，现在看来效果很好，可是狗票还没着落。自从上次去过周令钊老师那儿到现在已经过去了几个月的时间，陈龙时常关心，询问情况，尹虎能给出的回答只能是“等等，再等等，我一直在与周容老师保持联系”。

陈龙倒也理解尹虎，其实是理解周令钊老师，毕竟 98 岁了。

在他看来，他也只是“关心”一下尹虎，时不常地再给尹虎发一些自己搜集到的图片，说是“抛砖引玉”。但这在尹虎看来，就是赤裸裸的“施压”。好在几年下来，尹虎已经习惯了这样的“压力”。

习惯不代表忽略。该干的活，尹虎还是得继续。

尹虎从车间出来，他看了一眼手表，已经 9 点 30 分，周令钊老师应该已经起来了。他快步小跑回到办公室，准备给周容老师打个电话。

“周容老师，您好。距离上次去拜访，过了几个月的时间，我想问问，周先生的创作，还顺利吗？还需要我们提供什么参考资料吗？”尹虎没好意思直问。

“哦，尹虎，你好。我父亲前一段时间由于感冒引起了肺部感染，现在还在住院，最近有所好转。你交办的事儿他这几天每天只能画上 10 几分钟。”周容老师略带抱歉地说。

“没事儿的，周老师，我明白，周先生一定好好休养，我们约个时间？陈龙也想赶在春节前再去看看他老人家。”

“唔……这样啊，好的。我和医生商量想要 20 号让他出院，这样咱们 24 号见面怎么样？我也把爸爸现阶段画的发给你看看，到时候有什么意见，咱们可以当面聊。”

和周容老师约定了时间，手机上很快也收到了周令钊老师的草稿。尹虎看到草稿，在他看来，造型什么的都很好，只是一点，还是有些偏重装饰手法。他没多迟疑马上发给了陈龙。果不其然，几分钟后，陈龙也回复了同样的想法。尹虎又发到四个人的群里，征求大家的意见。

“挺好看的。”未洋毕竟脑袋瓜简单。

“我觉得，大感觉挺好的，但和第四轮定的调子有些……不是很契合。”武马毕竟是搞邮票发行出身，知道需要统观。

“我也这样想，装饰手法对于周先生来说是最轻松的，一位近百岁的老先生能画成这样也是不容易了。”尹虎同意武马的意见，同时又觉得周令钊带着病还每天画画着实不容易。

“咱们再试着说服一下老先生吧。如果不考虑整个第四轮的风格，现在的画稿，我觉得完全可以。就是比较可惜，又要重新折腾周先生，请他重新创作。”

“我们把前两套也带着，请周先生看看整体风格，他应该能理解我们，而且周先生是位通情达理的老人，他设计过很多套邮票，知道咱们这命题作文的难处。”尹虎的一句话打消了陈龙的顾虑。

是啊，通过与周先生短暂的接触，他能看出来，这是一位很好的老人。

“陈龙，我想要为周先生争取点时间，电话里周容老师说周先生感冒住院了，他那么大年纪，咱们多给他些时间，你说呢？”尹虎也不藏着掖着。

“那是自然，时间还来得及，去年这时候，韩老师不也纠结着。艺术家对自己的作品要负责的，所以，我也完全理解。”陈龙难得在时间上“豪爽”起来。

陈龙的“尚方宝剑”也让尹虎松了口气。

整个冬天已经被雾霾笼罩了很久，让本来就寒冷的日子，更多了几分看不清的惆怅。

也许因为快过年了，大家都在互相拜访，也许今天很多临近省市的人都会驾车回家，路上异常的堵，频繁的喇叭声冲击着耳膜，空气中弥漫着烦躁不安。

陈龙一行四人，又一次来到周令钊老师的小区，已经迟到了 10 分钟。四人快步走着，正琢磨着要不要给周容老师打个电话，告诉她马上就到了，远远看见一个身影等在树丛尽头楼梯的下面。四人脚步更快，迎上早已出来等候的周容老师。

客厅里，还是熟悉的沙发与摆设，地上多了一些鲜花，显然是刚刚有人来过。周令钊坐在餐厅，应该是刚用过餐。

“快请进来吧，今天有些冷，你们跑那么远，辛苦了，快坐。”周容老师一边招呼着安排大家，一边手里不停下，给大家倒茶。

“我爸爸这个月感冒了，又得了肺炎，在医院里住了好久。这不，前两天刚出院。”周容老师给大家倒了茶，又去给周令钊端了药，放在餐桌上。

“周先生年龄大了，这种天气，是要多注意，怎么就感冒了？”尹虎关心。

“我弟弟从国外回来，他有些感冒，估计在家里住的几天就传染给爸爸了。当然也有可能是天气不太好。”

“已经转成肺炎了吗？那么严重，这个年龄肺炎尤其要当心。”陈龙回想起自己第一次见黄永玉，他也是感冒转肺炎，刚好，被自己的女儿一通“诉苦”。历史有趣地相似。

尹虎见大家要跑题，忙道：“既然周先生刚好，也需要休息，我们就长话短说，把我们的想法告诉二位周老师，不耽误太多时间，让周先生早点休息。”

说着他从包里取出打印好的图稿效果。尹虎、武马、未洋三个人眼睛齐刷刷地看向陈龙。

陈龙与其他三人交换了一下眼神，知道只能自己硬着头皮上了。

“两位周老师，我们觉得这幅画稿很好看，就是有些装饰，和第四轮的风格有些差别。”陈龙是个直爽的人，他说话没有太多的铺垫，更不需要曲折婉转，有啥说啥。了解的人都知道，他很直率，跟他交流有一说一，从不用藏着掖着，反而轻松。

周容老师显然是想了一下，请陈龙接着往下说。

“周大姐，由于咱们生肖邮票是在春节前发行，所以老百姓还是想图一个喜庆、吉祥。所以我们第一只狗找了一个高昂着头的形象，一看比较快乐。周先生这设计草图里，如果用装饰的手法展现这种快乐、昂扬的感觉可能会比较困难。所以希望周先生能迁就一下咱们这一轮的生肖邮票的设计风格，用水墨的感觉展现一下。”

“还有，周大姐，我们邮票设计属于命题作文，所以请周先生既要兼顾艺术手法，又需要迁就一下邮票发行的规律。”尹虎见陈龙又忙补充道。

“哦，我知道了，那就是说，你们还是偏重于水墨效果，彩墨的那种感觉对吧？”周容老师脸色一凝，露出疑惑的表情。

“是的，周大姐，还是想偏重小写意。要跟第四轮的前两套统一。”见周容老师并没有彻底推翻自己的想法，陈龙又看到了一丝曙光。

“其实，我觉得，第一套黄永玉先生的四只猴子也还是有装饰味儿的！”周容老师实在弄不明白画个邮票还要什么统一风格。

“是的，周大姐，怎么说呢？我们不放弃装饰效果，因为生肖邮票毕竟不是动物写生，还是需要有一些文化和艺术设计的想法在里面。只是手法上，更想偏重于用水墨去表现传统生肖形象。”虽然是冬天，陈龙却急出了一头汗。他生怕自己向周容老师解释不清楚。

“好的，爸爸画得太过于装饰，省略掉了水墨的感觉，对吧？是既要向写实走点，又不能真写实，需要水墨的感觉。还得加上生肖文化。我理解的对吗？”周容老师不疾不徐，将陈龙的想法说出大半。

周容老师继而看向父亲：“爸爸，你试试用水墨的方式去展现。这次画得需要与第一只小黑狗有些区别了。”

周令钊点点头表示知道了，然后拿起图稿问：“第二枚画几只小狗呢？”

“都可以，您画两只三只都行，这个没有规定，只要是一家子就行。我们后期也会对生肖邮票进行宣传，挖掘文化概念。您看就像是黄永玉先生画的猴子，正好与国家放开二胎政策联系在一起，是把社会热点展现在邮票里面了。若干年后，大家都会记得是 2016 年国家全面放开了二胎政策。当然，我们不一定非要把什么概念放进去，只是想告诉周先生，集邮需要文化。”

“我大致懂了，我来和爸爸沟通。”女儿见父亲沉默不语，就说道。

“好的，那就拜托周大姐了！”陈龙感激道。

“其实，他原来画的那只狗，就是以前那只狗就挺威武的。”周容老师补充道。

“是，那是纯装饰的。其实我觉得您照着这个画就行。”陈龙将打印好的资料递给周令钊老师。

“爸爸不会照着画，这不是他的风格，他一定要原创。”周容老师显然对这个提议有些不屑一顾。

“周大姐，您别误会，不是照着一模一样的画，只是这样的动态和感觉，是我们想表现出来的，因为照实际狗的照片没有那么正好就是昂首挺胸的样子，所以我们才找了各种资料去 PS 出来一个效果，给周先生做参考。具体的创作还是得周先生消化之后的原创，我们绝对支持原创。”

“那就好，要是照着画，爸爸肯定不答应的。”周容老师皱眉道，转身又对父亲说，“爸爸，这次想请你画一个稍写实的，突破第一轮的纯装饰。动作和表情呢就是要威武一些，喜庆一些。”

周令钊点了点头，表示他听懂了。因为病还没有痊愈，他这天话很少。

“稍微有点装饰没关系吧？陈龙！”周容老师深吸口气，加重了语气道。

“没关系，就是需要和第一轮拉开点距离。”陈龙也不想给周令钊老师设太多的限制，他知道周先生能同意表现风格的转换，对于一位 98 岁的老设计人来说已经是很大的让步了。

“我理解是不是就是别要那么多的花？”周容老师进一步确认，她的脸上充满了认真的探究，也许是怕父亲再次“偏题”还要重来，所以确认每一个细节。

“周大姐，您看韩老师的那只鸡，基本上是我们想要的感觉。”根据邮迷的反应，这套邮票是得到了盛赞的，陈龙想告诉周令钊老师，第四轮的整体风格就是这样的。

“哦，我明白了。只是你们看，鸡有羽毛，这根羽毛用这个颜色，那根羽毛用其他颜色，所以就比较容易出效果。但是猴和狗不容易出效果。它们身上没那么多的可以不做任何形式上或色彩上的装饰就可以演绎的地方。我让爸爸再考虑考虑吧。”周容老师面露难色。

气氛开始有些紧张。陈龙四人明白周容老师的担心和为难，但无奈邮票不是画展，没办法随心所欲地去表现。设计邮票就是带着镣铐的舞蹈。

“黑狗的效果可能会好。”周令钊老师沉思许久之后打破了安静。

大家知道，周先生虽然身体不舒服，但是一直在努力听着大家的讨论。

“黑色的狗会不会和第一轮有些像，周先生，可否请您尝试换一个其他的颜色。这一枚是有底色的，您可以自己决定用什么底色，在旁边画一笔就成，我们后期电脑里制作。但是需要搭在一起喜庆、威武！”尹虎把心里对邮票的设想和盘托出。虽然不知道周令钊老师怎么想，但是他相信，红色是最适合这套邮票的颜色，也一定会给他灵感。

周令钊老师点了点头，显然是很满意。“那我试试看白色吧，如果是黑狗可能不够喜庆，大黄狗，在一些底色上会出不来，弱点。”

“周先生，但是得加些黑色，黑色的部分要做雕刻，是咱们后期的工艺要求。”陈龙怕周令钊老师画成完全的白狗，后期雕刻不好实现，忙提醒道。

“对的，周先生，就像人民币雕刻原理一样。”尹虎补充。

“541 厂，对吧？我记得。”周先生微微笑起来。

“对！周先生，您设计过多版人民币，对这个很熟悉了。”陈龙笑自己竟把这出给忘了。

“但是我希望狗能立起来，站得稳，有气势，一看就有安全感。”周先生开始手舞足蹈地比划起来。

“对，爸爸喜欢硬气一些的。”周容老师补充。

“这个有点卡通了。”周令钊翻看着提供的资料。

“对，这个只是给您做一个参考，包括姿势和表情。”尹虎怕这些信息会干扰到周令钊老师，急忙解释。

“其实，我能理解韩先生，公鸡的羽毛漂亮，造型也美。母鸡要想画美了实在太难了。所以不少设计家和画家在艺术表现时选择公鸡。韩老师的画大多积淀于民间艺术。民间艺术算是装饰艺术的起源，后来偏重写实的绘画都是官画的演变，也就慢慢脱离了民间艺术的范畴。现在的艺术家特别是设计艺术家都喜欢民间艺术，来自老百姓的最原始的审美。如果画写实的，其实去中央美院，哪怕是学生都能画得特别像。但是民间艺术在一段时间里被认为不登大雅之堂。就是因为他从生活的意境中来。写实更多由来于西洋画，一度被追捧。后来有一批设计家将下里巴人和阳春白雪结合起来，形成了一种比较有装饰性又比较有时代设计感的东西。”

“这就是我们想要的感觉啊，周老师。”尹虎好像回到了上学时候，听周老师讲课的日子。

“听君一席话，胜读十年书。周大姐不愧是老师。说的在理，也给我们普及了很多艺术知识。”陈龙谦虚地向周容老师表达了敬意。

周容老师笑眯眯道：“没有，就是说到哪儿算哪儿。我给学生上课的时候，也是让学生去写生，在自然中取法，然后变形，每个人都变得不同，一人有一人的思路。我鼓励张扬每个人独自的审美观。当然，作邮票这类公共设计需要做到雅俗共赏。”

“是，我记得您带我们去景山写生。”尹虎想起了当年一幕幕无忧无虑的时光。

“您看黄老和韩老师他们都跟第一轮有点区别了。比如黄老 80 版的猴票比较写实，这轮的猴票就偏勾线平涂；韩美林老师 83 版的猪票很装饰，这一轮就偏重了写实。所以我们也希望过了 36 年，能让大家看到不一样的生肖狗，看到不一样的周先生的设计风格，看到这 36 年的不同。”陈龙与周容老师你来我往的交流中，表达各自对设计风格的理解。

“这个小黑狗是有故事的，小时候我在湖南，那时候家住农村。我每次出村子……”周先生饶有兴趣地又讲着小黑狗的故事。周容老师知道他的记性不好，这已经是第二次讲小黑狗的故事了，刚要阻止。陈龙对周容摇了摇手，示意不要，然后五个人又饶有兴趣地听周令钊再讲一遍这个在他幼年的记忆中很重要的小黑狗。

“每次过一个高坡时都有一条大黄狗跑出来对我大叫，它就把大黄狗顶出去，那个黄狗比它大喽，它也不害怕，把我送过坡儿，它就自己回去了，后来邮政让我画一个生肖邮票，我想画什么呢，就画了这只小黑狗，先做了几个刻瓷盘子和刻瓷板，线条有力度，然后翻成邮票稿子。这也是我为什么接下了生肖邮票的设计任务。”周先生的回忆，让大家又回到了那个激情燃烧的年代，体味着周令钊老师对小狗的感情。

“所以这就是邮票背后的故事，您看这一轮第一套邮票，黄老画了一只大猴抱着两只小猴，当时正好全面放开二胎政策。”陈龙向二位周先生解释着邮票发行的趣事。

“是啊，政策 1 月 1 日发布的，你们 1 月 5 日发行，这也太巧了。”周容老师笑道。

“其实前期宣传，我们就感觉到了，所以设计的时候就把这个概念加了进来。请黄老画了两只小猴。”陈龙很开心，这个概念的加入，老百姓很喜欢。

“那这两只小动物的风格要一直延续 12 年吗？这次我爸爸也要画两只小狗吗？”周容老师时刻关心着爸爸完成这套邮票的细节。

“这个并不一定是，我们想要在邮票中加入更多的故事，更多的文化概念，让老百姓拿到一套更有意义的邮票。现在集邮爱好者们渴望了解邮票背后的故事。”

“其实当时我女儿跟我说，邮政邀请我设计狗年的生肖邮票，我还在犹豫要不要画。说实话我年纪也大了。后来我一想，等到2018年的时候，我99周岁，虚岁100岁了。”这都是吉利的数字。

“对对对，现在据我所知还没有百岁的老人还在画邮票的。国外不知道，起码国内是没有的。”尹虎有些激动，这也是在邮票宣传上很好的“噱头”。

“哎，中国人说99岁就是100了。因此我想，画就画吧。哈哈。”

“所以，周先生，一个因为生肖邮票是过年过节用来送人的，人们希望有祥瑞的概念；另一个是因为您也是一位百岁老人，给大家带来正能量，您这样高寿了还在设计邮票，所以邮票喜庆点更好些。”陈龙借机不断地向周令钊老师介绍邮票的概念。

“周先生，说到百岁老人，我觉得，咱们就用红底色，您看怎么样？正好百岁用红色的，也吉祥。”尹虎脑子好像已经有了完成后的画面，兴奋地向周令钊建议道。

“这是个好主意，第一轮生肖猴票不也是大红底子嘛，要是能有点金色，就更中国了。这套邮票一定能大火！”陈龙心里拍手叫绝。

“对，红色好，喜庆点好！你们什么时候要？”周令钊老师对红色的提议很满意。

“唔……我们想3月份能拿到。因为要给工艺留出时间。”尹虎看看陈龙。

“最近他身体也不好，所以每天画一点就算是比较努力的。请你们也多担待。”周容老师抱歉地说。

“没事儿，周大姐。还是先调理好周先生的身体，您最辛苦了。”陈龙理解道。

相谈甚欢

四个人看到周令钊老师显疲惫态，起身要告别。

“周大姐，您有什么需要就跟我说，需要发些资料什么的。”尹虎补充道。

“我看周先生已经胸有成竹了。”陈龙想给周令钊老师一些鼓励。

“去年我们也动手很早，但是印刷过程中，机器总出问题。”尹虎理解陈龙，解释道。

“其实我爸爸动手很快的，所以他能接很多的任务。但是这次任务我们一开始没能完全理解这一轮的要求，所以需要多磨合。”周容老师道。

“这套邮票是两枚，一枚有底色，一枚白底色，一枚一只狗，一枚大狗带两只小狗吗？”周令钊老师自己坐在椅子上，又重复了一遍要求，眼光开始聚焦。

“不一定，周先生，画几只都行，不一定两只，您画一只，还是两只，还是三只都以好看为主。”陈龙接道。

“周先生脑子里已经在考虑了。”尹虎发现周先生已经进入了自己的世界。

“不得不考虑啊！永玉和美林各画了两个，我就画一个。从计划生育的角度考虑，我看还是一个好！”周先生一点不示弱，引得大家笑起来，别看老人话不多，常常有些冷不丁的幽默。

“周大姐，韩老师对我们挑的鸡其实不满意，但是集邮爱好者很喜欢。怎么说呢，周先生考虑的是艺术创作，我们考虑的角度是集邮爱好者的需求和发行的规律。”陈龙想告诉周容老师，其实所有的磨合都是所处位置和角度的互相迁就。

“是，我能理解，这些年，通信技术发达，人们不写信了，邮票需求量大减，设计和市场联系得紧密了。邮票发行必须要遵循市场的

让我想想怎么画

规律，这个我们能理解，没事儿，咱们慢慢磨合。你们也不要着急，我会督促父亲尽量按要求完成的。”

“谢谢周大姐，那就拜托您了，提前给您拜个早年，也希望周先生早日康复。”陈龙握了握周容老师的手，一是告别，再就是感谢她的理解。

四个人与两位周老师告别后，在树林里慢慢走着。

“陈龙，周容老师也是一位心直口快的人，但是她很真诚！”尹虎知道今天的交流并不能说很顺利，特别是时间慢慢近了，陈龙心里更是着急。

“二位周老师都很好，我能感觉到。周大姐说话直，但是在理。我们有些急功近利了，一直站在咱们的角度考虑应该画成什么样。周大姐说得对，如果要纯写实要水墨味儿，去美院找一位国画家就能解决。咱们找到周先生也得尊重他的创作规律。没事儿，时间虽然越来越少，但是咱们也得给周令钊老师充足的时间。”尹虎和武马、未洋互相看看，说真的，他们三个可能都没想到，陈龙能这么快想通。

北京的雾霾渐渐散去，四个人的脚步也轻松了许多！

第十二回

史主任千里觅新秀　“京津冀”广西终成稿

鸡年生肖邮票的发行活动终于告一段落，狗年生肖的邮票也有了个雏形，对于陈龙来说，既放下了一颗悬着的心，又感到有些怅然若失。

邮票发行的幕后工作其实是个寂寞的职业，作品完成了，看着各地都在热热闹闹搞首发，可是邮票发行部还是一如往常的平静、肃穆，大家又投入到下一套邮票的筹备工作中。

一套又一套，邮票就像是摸得着的时间，在筹备和发行之间不知不觉迎来送走了一代代从事邮票工作的人。

陈龙再过两年也要退休了，他摇摇头，捻熄了手中快燃到手指的烟，近来对年华易逝的感叹真是多了，可见自己确实老了，自己还能再为这个行业做的事情不多了。

但他对自己在邮票发行部最后几年的工作有两个信条：给邮迷留下邮票精品，也给后来继任者留下可发行的好选题。

陈龙的思考没有持续太久，办公室的门就被敲响了。

来人是小吕，他告诉陈龙，编辑部送来了“京津冀”的稿子，就放在西会议室，让大家一起去选稿。

小吕口中的“京津冀”是2017年又一套重点题材邮票，全称为《京津冀协同发展》，是为了配合国家三大战略而发行的特种邮票。

陈龙走进西会议室时就看见几套花花绿绿的图稿已经一字排开。

负责这套邮票的编辑小新见到陈龙来了，忙迎上前去：“领导，修改后的稿子已经收齐了。”

“好的，你给大家介绍一下吧。”

“好嘞。”

此时，发行部内的人员都已经到齐，小新就势介绍了起来：“这第一方案是以心脏形状构图，把交通一体、生态对接、产业升级的主要元素结合在一个纠缠的图形之中，就不刻意强调北京、天津和河北的部分了，让人在视觉上产生一体化的感觉。”

“第二方案比较传统，采用了方形构图，也是分别表现了交通、生态和产业，但比起第一方案有了更多实际的建筑物和产业基地造型，比如鸟巢、天津眼、产业园……这些都实际在京津冀一体化的规划中承担着相应的作用。”

其实这已经是京津冀图稿第三次审稿了，显然大家都对这一次的图稿满意多了，这是因为，这次的图稿更换了一位年轻设计师，而图稿的画面显得要活泼轻松许多。

可是两个方案到底选择哪个，大家的意见难以统一。

有人说，显然第一个方案好，有设计感，给人耳目一新的感觉。咱们的政治类题材就是太严肃了，看上去都是一个样。

也有人说，政治题材就是要准确严肃，还是第二个方案好，从鉴定的角度来说，每一个元素都有据可依。

还有人说，第一个方案虽然有设计感，可是缺乏邮票的感觉，第二个方案虽然有邮票的感觉，但总觉得缺少了一点三地协同的意思。

要是能将两个方案的优点结合结合就好了。

陈龙在大家轮番“点评”一番后，考虑了一会儿，然后对编辑说：“这样吧，大家都觉得这次的方案比之前有了很大进步，但还是各有优势，各有瑕疵，既然还有一些时间，要不你们再和设计者沟通一下，咱们再改一次吧。”

陈龙对重点邮票的选题和设计一直有点“完美主义”，他有一个理论，纪特邮票全年 30 来套，不可能做到套套出精品，只能采取“有的放矢”的策略，对于重点题材一定要重点抓，要把人力、物力和精力都集中于重点题材，做出精品。

编辑小新一听这话，原本舒张的长脸顿时苦成了一团，不是他不愿意再次修改，他是担心这套邮票的设计师恐怕不会轻易答应改稿。

说起这套邮票的设计者，应该算是一位邮票设计界的“新人”。

近些年来，中国邮政出于长远发展的考虑，一直致力于在全国范围内寻找优秀的青年设计师进行合作，以图求新求变。但涉及政策题材的邮票极难拿捏，即使启用新人也不会选择这样的选题。于是在约稿之初，为了增加把握，发行部采取了多个设计师竞稿的方式。然而稿子约下去 10 来天，就有设计师表示题目难以入手，或者因为个人安排的冲突而选择退出。

一时无人可用促使发行团队将目光转向了新生力量。

就在这当口，编辑部的史主任接到了广西的邀请去参加了一场集邮品鉴活动。

在集邮圈子里有一句名言，叫做“人的生命在于运动，集邮的生命在于活动”，所谓“集”必然要有个搜集和交流的过程，因此每当有新邮发行或者重要的邮票活动的时候，集邮公司就会请些邮票设计师或是集邮名家参加活动，一来是热个人场，二来也是有了由头能把那些平日里各自为政的邮迷们聚集起来，了解了解圈里的动态，听听市场的情况，当然顺带也是推销了自己的产品。

这天史主任就被广西集邮公司邀请去参加了一个签售会。

“史主任，你看看，这是我们广西最近推出的邮品，搞设计是你的老本行，你帮我们品鉴品鉴，我们这产品创意怎么样？”活动一结束，广西集邮公司的黄经理就拉住了史主任，向他介绍起自己策划开发的集邮产品。

“诶，我看看。”虽说设计邮品现在已经不是史主任的主业了，但听到让他品鉴邮册，史主任的劲头立刻就来了，接过黄经理手中的产品，就端详起来。

要说起这邮票的发展历程，早就已经从十几年前简单地上邮局购买“裸票”的时代，发展到了集邮专营店里经营各式花花绿绿的“邮品时代”了，这其中有顺应时代需求，满足个人礼品消费的一面，也有许多集邮行业为了生存和发展不得不转型的无奈。

无论如何，现如今各个集邮公司都在邮品的内容和设计上做起了文章——既然大家手中的邮票都一样，那就要把邮票的周边文化和邮品的设计做出创意。

“这邮册是你们内部的设计师设计的吗？”史主任看这邮册的设计倒真不是黄经理吹嘘，的确有些“小清新”的味道。

“这倒不是，这是一位我们广西的插画师帮我们设计的，合作过几次了，人还挺年轻。”黄经理看史主任的意思，是觉得这邮册设计得不错，得到专业人士认可，她有些骄傲于自己的眼光。

“诶，黄经理，能把这位设计师介绍给我认识认识吗，为邮票设计也储备点新兴力量。”史主任把自己的用意告诉了黄经理。

“这有什么问题，我这就帮你联络，要是为你们发现了一位未来的邮票设计人才，以后这签售会第一站可得想着我们广西啊！”黄经理不亏是长期奋战在集邮战线上的“老集邮”，有点甜头就想着要用在集邮上。

南宁设计师邹庆就这样因缘际会地走进了邮票发行团队的视野。

编辑小新第一次见到邹庆，她扎着一个高高束起的“丸子头”，身上穿的是布满 LOGO 和卡通的文化衫，着实和他心中勾勒的设计师形象有些差距，倒像个刚从学校毕业的大学生。

小新心里不住打鼓，这个子小小的邹庆看着也就和自己一般大，顶多算是个“艺术女青年”，况且还是主要从事插画设计，这么重要的政治题材邮票，交给她真的靠谱吗？

邹庆加入创作后果然交出了和过去政治政策题材风格全然不同的稿子，团队看过初稿后，其实都被这新鲜感给吸引了，私下里都觉得应该这么试试看。只是小新带着稿子找艺术专家走评的时候，评委们不约而同地提出了，创作手法有新意，可是设计语言应该再严肃一些。

万里长征迈出第一步，发行部几经思考后决定放手一搏，就启用邹庆的稿子，让她来主笔修改自己的创作。

照理来说，事情这么发展下去，就能顺利完成组稿任务。

可就在这时，邹庆刚满 5 岁的儿子却突然生病了。孩子生起病来最忙碌和担忧的永远是母亲。邹庆往来于家中和医院，既要照顾孩子，又要忙着家里的大小琐事，恰逢此时“京津冀”邮票进入了最频繁的改稿环节，这让邹庆几乎崩溃。

小新早就在电话中听出了邹庆想要知难而退的意思，但都被他的坚持和鼓励劝住了，然而这一次，再次要求设计师从头开始勾画图稿，她真的能答应吗？

小新对着自己的手机陷入了沉默，就在几分钟前，他收到了来自邹庆的短信——对方委婉地表明，自己要放弃《京津冀协同发展》邮票的设计。

小新顿时惊出一身冷汗。

这套邮票从真正动笔开始设计，磕磕绊绊已经过去 4 个月时间，这期间推翻重来完全使用不同手法创作的大改有三次，林林总总的小改动更是不计其数。

紧张和疲劳程度用跑了一场全程马拉松来形容毫不为过。

可就在这最后 1000 米的地方，参赛选手宣布要弃赛了，虽然早就在这些年做过的政治题材邮票中养成了一颗坚强心脏的小新，此刻也有些灰心了。

小新盯着自己的手机屏幕，一会儿输入了“邹老师，您别担心，孩子在生长发育期，很快就会康复的”，想想觉得不合适又一个字一个字删除了；一会输入“邹老师，咱们的稿子领导已经觉得很满意了，现在基本就是确定在您的稿子基础上做细节的调整，接下来的工作量就不大了！”看了看又删除了。他左思右想，最终什么也没回，关掉了手机。

办公室里还是和以往一样充斥着敲打电脑的键盘声和打电话与各种单位沟通的对话。

就听见刚从外面回来的阿甘编辑一边脱去身上厚重的羽绒服，一边扯着嗓子哀嚎：“我真的再也不能干这种临时换稿的事情了，太难了！”

“诶，你怎么刚进屋就大呼小叫呀？”同在一屋的小薇一看阿甘就乐了，“八百里外都知道你回来了，那句话怎么说来着，未见其人先闻其声，说的就是你。”

“你要是我，会叫得比我还惨。”

"怎么？还是'拜年'的事？你不都叫过好多次了吗，稿子也改好了，这不马上要发行了，你就快迎来你的春天喽。"

"这事儿还没完。稿子是下厂准备发行了，可是也不知那些消息灵通的微信号是从哪里得到的消息，知道《拜年》邮票这次走得是民族风，又一通胡说乱写的。"

"唉，你做编辑的，要是别人说什么你都得顾虑，那邮票还能编得出来吗？你都老资格了，这还不知道啊。"

"我倒是没什么，就是现在好多不明就里的网友被这舆论一引导啊，就跑到吴老师的微博下留言，还有那些不文明的人出言攻击。我倒是无所谓，就怕吴老师受不了。所以说，唯女子与小人难养也！不怕君子，就怕小人。"

"唉唉唉，什么叫女子与小人难养啊，你抨击网络暴力就算了，别把我们广大女性同胞拖下水啊！"一旁打水的小温听不下去了。

"诶，别生气，别生气，我说错了，我可是广大妇女同胞的知心朋友。"

"说谁呢？说谁呢？谁是妇女了？我就不喜欢这个词。"小温继续跟阿甘较劲。

小薇在旁听着这两活宝"噗嗤"一声笑了："我们女人不计小人过。不过说正经的，艺术家嘛，有情绪，才能有创作的动力。你看咱们接触的那些老师，哪个不是对自己的作品有所坚持呀，关键是得寻找平衡点。"

小薇这个词说到了点子上，就是平衡点——如何在交稿时限和艺术质量之间寻找平衡点，如何在尊重设计师的艺术设计和领导的修改要求之间寻找平衡点，都是他们做编辑要修炼的高段班。

在旁边默不作声的小新回忆起这些年在邮票编辑过程中遇到的惊

险事件，还真不少。有一次邮票临发行前一个月图稿还在相关部委审核的过程中，他打电话去催了几次，人家都说已经交到了某某领导手中，暂时还没得到答复，他就隔一天打个电话，隔两天侧面打听，在煎熬之中终于赶在最后期限前等来了答复。

还有一次邮票编辑的前期工作全都完成，就等着图稿送给印厂印制了，突然发生与邮票题材相关的部门提出要在原来的基础上增加一枚邮票的事情，把小新自己和整个发行团队搞得焦头烂额，着急忙慌地再次从头开始了论证工作。

这些事件发生的当下，小新真有转行的冲动，可是每次不都是在团队的协作下化险为夷，柳暗花明了嘛，事后回想又觉得正是因为有了这些让自己几乎无路可走的挫折反而加速了自己的成长。

想到这里，小新握了握拳，下定了决心，他深吸一口气，想好了说辞，便拨通了发行部小吕的电话……

第二天一早，小新、小吕就坐在了陈龙的办公室里。

陈龙说："小新，你也别着急，这次的调整涉及很多细节，最主要的是需要设计师能理解我们想要的感觉，你和小吕赶紧准备一下，临时组成一个小组，这两天就去广西一趟，当面和设计师沟通！"

《京津冀协同发展》邮票已经到了攻坚克难的最后时刻了，如果这个时候不顶住，可能就是功亏一篑。所以陈龙也不敢耽搁，连忙做出了决定。

小新听到这话，顿时悬着的心放下了一大半。

他和陈龙想到一块儿了，咱们中国人是最注重交流艺术的民族，许多在当面不好说的话，用电话沟通就好办许多。同样的，许多事情电话沟通总觉得隔着一层纱，在礼貌上好像也不如当面交流来得顺畅。

既然领导发话了，看来这趟说走就走的"广西行"势在必行。

两天以后，邹庆终于接到了小新打来的电话。这两天里她却始终没有勇气和小新通话，孩子的身体恢复了许多，就像老人说的，孩子恢复的速度真是神奇，可是自己当时一时冲动下给小新发去的信息也不能收回，自己这样半道撂挑子估计给小新带去了不少的麻烦。

正想着，身边的手机响了起来："邹老师，您的短信我看到了，不过……"来电的正是小新。

"唉，小新编辑，真是不好意思啊，为了我自己的事情大概要让你们麻烦了，可我这真的有我的难处，希望你们理解。"邹庆一听小新说起了她那条"罢工"短信，赶忙先道了个歉。

"邹老师，我真的理解。但您也知道，邮票的发行工作是很严谨的，现在离发行的时间也不多了，如果让我们从头再找设计师重新理解邮票发行内涵，不是不行，但肯定出不来精品了，甚至浪费了这么一个好题材。"小新也向邹庆解释了他们的困难。

"可是……我不知道自己再改下去能不能达到你们的要求。"

"邹老师，领导已经肯定了目前的图稿，只是现在要在现有基础上好上加好，您别着急，我们已经到广西了，一会儿咱们就开个碰头会吧。"

"什么？你们已经来了？"邹庆放下耳边的手机看了一眼时间——现在是下午 5 点多了，这邮政的人居然就这么大老远地从北京飞到广西来了。

看来事情确实已经火烧眉毛。

邹庆考虑了许久，终于是被他们的坚持打动了，点了点头："好吧，那我就再尽力改改。"

这次突然袭击的改稿，几乎没有一刻休息的时间。

就在邮票发行团队下榻的房间里，就地展开工作。他们现场就修改内容，与设计师反复商讨，明确想法后邹庆就随时根据想法绘制草图。

小新他们怕影响设计师设计的情绪和状态，一旦设计师开始进行画稿的步骤，他们就全都退到其他的房间等待，让设计师一个人进行创作。出了一张图以后，远程连线就地进行考证、补充素材。从清晨到深夜，两天的连续奋战，几乎每个人都处于缺觉少眠的状态。

其中还有一个小插曲。

第一次画出的成稿中有一组图形是靠右行驶的高铁列车，当时他们根据手中掌握的真实照片资料将列车画为了右行。而画出成稿将图片传回北京编辑部的时候，就有人提出了高铁有可能是靠左行驶的疑问。

出于慎重，小新连忙联系北京的编辑，通过多个部门的快速协调，找到了铁路总公司的专家对此进行核实。专家明确答复目前我国的高铁列车已全部统一为靠左行驶。得到这一信息，他们又急忙对图稿进行了复杂的调整。

三枚邮票的草稿都出来了，基本的论证和素材也都符合了专家提出的意见。

小新拿到滚烫的画稿，一点也没敢松气，连忙给在北京等待消息的陈龙传了过去。当初来之前陈龙就下达了命令，他们这个三人小团队，在传回满意的图稿前，不能回北京！

小新和邹庆此刻都觉得自己有些像等待高考成绩的学生，几个日夜的辛苦——几个日夜以前还有无数个不眠之夜的纠结都要在这一天得到一个阶段性的成绩，对他们来说，此刻只能成功不能失败。

“邹老师，小新。”小吕抱着笔记本电脑走到他们当中，“有回信了。”

“怎么样？”小新连忙问道，小吕此刻一脸严肃的表情真看不出

最初创意

任何令人欢喜的消息，难道，又没通过？

“当然是……”小吕皱了皱眉，咳嗽两声道，“当然是，通过了！”

“你这小子，想吓唬我是吧，今天的晚餐你请客。”

过稿的喜悦写在每个人脸上，两天两夜的努力终于算是有了个交待。可是话虽这么说，但小新和小吕并没敢在广西多耽搁，毕竟这只能算是期中成绩单，要说最后的评判，还得交到集邮者手中。

2017 年 3 月 9 日《京津冀协同发展》特种邮票发行，在北京、天津、河北三地同步举办了邮票首发仪式。

一个月后，中央宣布将设立“雄安新区”，这是继深圳经济特区和上海浦东新区之后又一具有全国意义的新区，是我们民族的千年大计，也是京津冀一体化发展的又一重大举措。

陈龙站在自己办公室的落地窗前举着最新一期的《中国集邮报》，有些喜不自禁。

这一次中国邮政又成为了“神预测”，邮票发行不到一个月，雄安新区就像一枚春雷，响彻了这神州大地。就连他在食堂打饭，同事们都纷纷来询问：“陈龙，你们邮票发行部是不是早就知道这事儿了？”每逢这时，陈龙圆圆的脸蛋就笑开了花，连连回复：“哪有的事，我们是运气好。”

这还真不是假话。邮票发行之前陈龙他们虽然多次找过国家有关部门论证京津冀协同发展的表现元素，但这可涉及了国家重大方针决策，怎么会有人事先透露呢？何况当初编订邮票计划的时候，这雄安新区的政策都还不知道有没有呢，就像黄永玉画的“二胎猴”一样，真是天时地利，实属巧合。

但比起这个发行时机的选择来说，陈龙更得意的是专业邮迷的评价，就在这两天，不仅是集邮媒体给了《京津冀协同发展》邮票一面

“痛苦”的改稿过程

倒的好评，甚至还有邮迷写信给中国邮政，主题就是夸一夸这《京津冀协同发展》邮票。

政治题材的邮票出了这么多年，能用的点子都用的差不多了，基本上能延续的套路也无外乎就是人民大会堂加上英雄纪念碑，国旗党旗和国徽，各种元素一通拼贴组合。

其实真要这么做了，大家也能理解。

但这些年来，《中国梦》《核心价值观》《海上丝路》再到《京津冀协同发展》，他们的邮票发行团队都试图在创意、设计和工艺上能有些突破，给邮迷呈现出耳目一新的感觉。

小新近来也挺高兴，要问为什么？还是因为邹庆老师。

他们俩如今算是不打不相识的好朋友了。

《京津冀协同发展》邮票得到了社会认同，越来越多的集邮协会和集邮公司都排着队要请邹庆去参加签售活动，本来邹庆还不大适应这类活动，这些活动又时常都在外地举办，可是就在她参加了两三次活动后，她言辞恳切地给与她一起“奋斗”过的小新和小吕发了一条短信，感谢他们当初的坚持。

邹庆有些讶异，在今天这个时代，居然还有着那样一些对邮票狂热的忠实粉丝。

在首发签名会上，他们一口一个邹老师，请她在自己的邮集上写下祝语和姓名，有的说自己集了一辈子邮票，希望能把这本邮册留给儿孙，有的夸她的设计好，要多买几个邮册送给自己在河北的亲戚，还有的就像和她相识了许久的朋友，拉着她的手就给她展示起这些年收藏的实寄封，跟她说起了自己集邮的故事……

邹庆觉得，爱集邮的人都是一些可爱的人，好在自己当初坚持下来创作了这套邮票，要不今天怎么能有机会见到这些可爱的邮迷呢？

第十三回

冬奥组委携手邮政　奥运会徽再现方寸

陈龙因为喜欢写作，而且2016年他一口气写了几本有关集邮的书，其中有两本的发行量超过了3万本，一不留神就出了名，北京广播电台的新闻广播居然把他写的小说《猴票她爹和爹的猴儿》当做评书来广播。

北京冬奥组委市场部的朴部长听到广播后，非常诧异："我这个邮政的朋友居然还会写小说，能量见涨啊！"

两年前，北京申办2022年冬奥会时俩人就认识。

于是，他掏出手机打给陈龙："陈龙，祝贺一下，写小说了！"

"喂，哪位？"电话这头传来像是患了感冒鼻子塞住的声音，那几天陈龙有点"小恙"。

"嗬，是我，怎么听不出来呀？"朴部长忍不住笑了，又说了一句，"怎么，当作家就不认识老朋友了！"

掐指算来，两人有几年没见面了。他们之间属于"久不联系，心常相通"的那种。最近一次通话，大约是在北京申冬奥成功后，陈龙给朴部长打个电话表示祝贺，那个时候朴部长还在吉隆坡沉浸在幸福中不能自拔。

想到这，陈龙笑着说："哎，是朴部长，见笑，见笑，雕虫小技！你怎么知道的？"

"刚才在广播里听到的。"

"是吗？广播电台没经过我授权就播我的小说，是严重侵权行为呀！"

"你可以告他们呀！"

"哪儿有时间打官司！再说人家不也是间接宣传集邮吗，是好事呀！"陈龙自嘲地说道。

朴部长："这可不是开玩笑的，没看出来，你还是一个文人。找时间给我签个名呗。"

陈龙表面上谦虚，暗地里偷着乐，说道："朴部长，好久不见了，哪天找时间坐一坐，我关心的是冬奥会的会徽何时发布？届时我们邮政也可以发行邮票配合一下。"

朴部长看了看手机，知道不能在手机里谈论绝密的事情！小声提醒道："陈龙，这件事不能在电话里说，近期我们还想约你过来给初选的会徽提一提意见……"

陈龙恍然大悟："明白了，明白了，我保密意识不强，不该在电话里问这件事情。"

陈龙刚刚组织申办 2022 年北京冬奥会成功邮票发行的事，知道保密工作的重要性。

没想到，时间不久，北京冬奥组委就请陈龙过去，不用说就是想听听他对 2022 年北京冬奥会会徽的意见。

好多人不知道，这陈龙年轻时喜欢打篮球，还在区里业余体校打过几年。

那是一段令人无法忘记的岁月。

年岁大了，自然不能打篮球了，前几年他有事没事就喜欢坐在家里，看体育实况转播，特别喜欢北京首钢男篮。但是现在，首钢男篮的实力不如以前了，他的兴致便消了大半。没球看的陈龙，在家憋闷得像一个“宅男”。

机会来了，冬奥组委请他去对入选的冬奥会徽品头论足，他开始高兴得喜上眉梢了。关键是到了冬奥组委，还能见到朴部长、王副部长等几位老朋友。于是，他就愉快地接受了邀请。

陈龙打车直奔位于北京西郊的冬奥委会办公楼，在楼下同门卫保安办好了入门手续后，气喘吁吁地上了五楼。

陈龙用手指敲敲门，可那敲在防盗门上的声音细小得可怜，于是他加大了力气，急促的响声像他的心情一样迫不及待。猛然，他看到门的右角有一个圆圆的按钮，按下去，力道非常，好像不这样不足以表达他的激动。

里面好像有了一些动静，猫眼里塞了一只眼睛往外看，迟疑间，一阵夸张的惊喜声从里面传出：“是你啊，哎呀，哎呀，哎呀，老朋友，欢迎呀！”

门顿时开了，露出一张洋溢着喜气的娃娃脸：“哎呀，陈龙，哎呀！”一只有力的大手拉住陈龙便往里面拽。

“快进来，快进来！”冬奥组委市场部的王副部长一边唠叨着，一边紧握陈龙的手，“陈龙，好久不见了。”

“可不是嘛，上次应该是2015年的7月30日，我们发行申冬奥会成功的邮票，你作为嘉宾参加邮票的首发式。”

“可不是嘛，时间过得真快！一晃快两年了。来来来，进来看看我们的办公场地。”

说起申冬奥会成功纪念邮票的首发，陈龙的大脑里不时闪现邮票首发前的情景，邮票首发前几个小时，王副部长来到邮政集团参加纪念邮票首发式。当陈龙询问王副部长北京申办冬奥会成功的把握有几成时，王副部长不置可否的摇头。

唉，当时的陈龙就是关心这个话题，邮票首发前，还不知道申办结果，申办成功就发行邮票，申办不成功……陈龙不敢多想。

来参加首发式的王副部长心里也特别忐忑，坐在一个小会议室的电视机前看着申办的实况转播发愣。陈龙察觉到了，知道他也是在等待着申办的结果。

于是陈龙想找个话题谈谈，分散一下王副部长的注意力，可连话题选择也显得小心翼翼，想选择邮票，这可是他俩商量发行申冬奥会成功邮票时最乐此不疲的话题，但申冬奥结果没出来之前，谈这个话题显然没有意义。

王副部长的目光游移在天花板、地板上。就在王副部长的无限沉默中，陈龙的发呆足有几分钟，最后，他终于在邮票首发式这个问题上略深入了一些："王副部长，你在这个会议室里呆一会儿，我到下面的主会场去看看，一会儿一旦申办成功，集团所有的领导要下来参加首发式，到时候我再派人请你下去。"

"你忙你的，不用陪我！"王副部长一脸体察他人的通情达理的表情。

陈龙一脸的不落忍："真不好意思，让你一个人待在这里看申办结果！"

"真的没关系，我就在这里看申办冬奥运的实况转播，放心吧，北京志在必得！"在王副部长善解人意的坚持中，陈龙急忙到楼下忙乎他的事了。

往事在脑海里盘旋，心里无限感叹，这事一晃就过去快两年了。

北京冬奥会会徽的复评是 2017 年 3 月 27 日开始的。

这是在北京冬奥组委首钢办公大厦顶层进行的。初春的阳光透过窗户照进来，让人感到温暖而透明。首钢顶层冬奥组委的会议室内，靠西的墙边整齐地摆放着七件入围作品，其中四件是冬奥会会徽，三件残冬奥会会徽。

那天，冬奥组委参加会议的人员还不少。

奥冬委宣传部常部长捧着茶杯道："各位专家请坐！……我把 2022 年北京冬奥会会徽设计评选的过程和结果跟大家解释一下……希望听听专家对入选方案的意见！"

于是，常部长叙述，蒋主席补充，其他奥冬委官员插言，把评选过程向大家介绍一遍……北京冬奥会会徽经过征集评选，有四件作品脱颖而出。数以千计的设计者，用自己的智慧、创造力和对奥林匹克精神以及对北京冬奥运会会徽设计理念的理解进行了认真的创作。现在进入到请各界人士论证阶段，今天是请中小学和企业代表论证。

陈龙听毕，再看看摆在面前的四个冬奥会的入选方案，点赞道："大手笔，几个方案虽然形态、风格各异，但每一个方案都有很强的地域和民族文化特点……这四件入选作品都很优秀，主题鲜明，符合国际设计发展的潮流。对会徽的设计者们表示敬意！"

常部长一听，马上说道："光有敬意不行，这几个方案可是经过严格评审、反复比较、认真筛选出来的。我们就想征求大家的意见，什么都可以提，陈龙，你负责中国邮票的发行工作，不妨你先发个言"。

常部长以一种期待的眼神，明确表示："有什么说什么！"

陈龙思索了一会说道："在我心中，会徽至少要有这样的元素，让人能联想到自然风光，能联想到人文景观，最好能和中华古老的民俗文化结合，当然还要有动感和商业价值。”

他心里这样想，就点评着说：“这第一方案，是汉字‘冬’字，虽然很有动感，可是似曾相识！”

蒋主席在一旁插话：“是的，申冬奥的徽志和这个方案类似。”

陈龙：“这第二方案，是枫叶组成的运动员滑雪的动作，动感是没得说。不过，北京虽然也有枫叶，但枫叶的观赏季节是秋天，让人联想不到冬天。”

市场部王副部长说：“啊，啊，有一定的道理！”

陈龙继续：“再说第四方案，用长城组成的雪花，很有创意，突出了长城这个北京和河北著名的人文景观。可以说这个方案构思巧妙，设计手法有独到之处。但是……”

几位领导一听，忙问：“但是什么？”

陈龙急忙停了下来，随即挥手：“就是会徽选择的蓝色不够醒目，很难让人过目不忘！”

陈龙的这句话很令大家疑惑：“怎么就不够醒目？”

王副部长：“陈龙，说清楚一些，我们不大明白！”

陈龙转身，指了指身后的背板：“各位领导看看，如果把这个方案放到这个背板上，很容易和背板上的雪花融为一体，主要的原因，就是会徽是浅蓝色的！”

常部长：“那你的意见是哪个方案？”

陈龙沉吟道：“总之，刚才说到的三个方案，有的与以往相关徽志标识设计相似，有的在颜色上识别度不够跳跃，有的让人看了不够舒展。”

“那你到底喜欢哪个，就不要卖关子了！”王副部长同陈龙比较熟悉，就又催促了一句。

“我个人，只是说我自己，喜欢第三方案！融现代与传统、地域

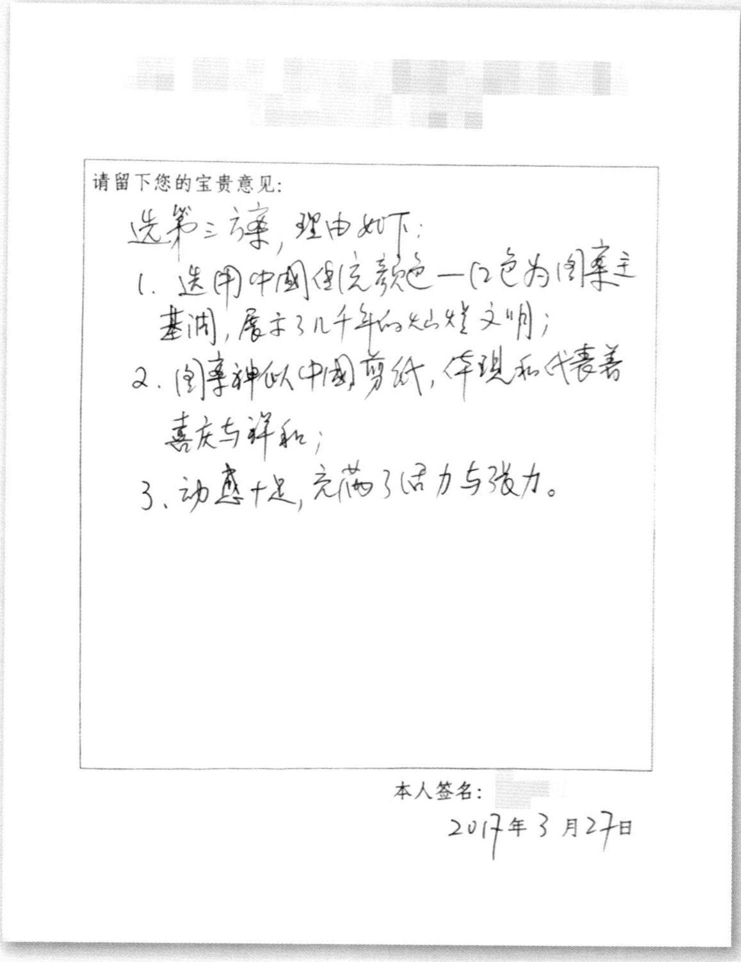

请留下您的宝贵意见：

选第三方案，理由如下：

1. 选用中国传统颜色——红色为图案主基调，展示了几千年的灿烂文明；
2. 图案神似中国剪纸，体现和代表着喜庆与祥和；
3. 动感十足，充满了活力与张力。

本人签名：

2017年3月27日

评审意见

与运动于一体，构思精巧，动感十足。”

几位异口同声问道：“就这些？”

陈龙摇晃着脑袋：“第一颜色为红色，国旗的颜色，形状为雪花，寓意冬天……”

蒋主席：“这个我们也看出来了，其他的原因……”

“当然有，这个方案形象简洁而内涵丰富，给人以广阔的想象空间和带来多元化思维。”

“多元化思维是什么意思？”

“各位领导有没有看出来，这个方案极像中国剪纸！”陈龙挪动了一下略微显胖的身躯，又说道，“我记得2022年冬奥会开幕日恰逢中国的农历春节！这个图案还可以同节日结合在一起。”

“没错，是大年初二！”蒋主席说。几位奥组委的官员会意地一笑，显然他们早就领会方案的意义。

看到几位冬奥委的官员赞许的目光，陈龙有点儿小得意。临时考虑的几条意见，能得到专家的认可，挺欣慰的！得意之后又有些惶恐：是不是有点显摆？

“有没有修改意见？”

“当然有了，细微的改动还是必要的，比如，图形的笔画可以再细一些。‘Beijing 2022’字样，奥林匹克五环都需要仔细斟酌一下。”

几个人又讨论了一会，陈龙等几个企业界的代表非常认真、谨慎地投下了自己庄严的一票。

此时的陈龙不禁浮想联翩，再过几个月，在世界各个角落，亿万民众将见证2022年北京冬奥会会徽娇美的容姿，同时伴随着会徽的发布，会徽邮票也将同步发行。

那天傍晚，走出冬奥组委的办公楼，陈龙的心情同阳光一样灿烂。

第十四回

《西游记》选章换顺序　蒙太奇创意释难题

小吕捧着《中国集邮报》新鲜出炉的“编辑手记”交到陈龙面前，一副喜上眉梢的模样让陈龙想到了今年生肖邮票的其中一个图名——意气风发。

“领导，可算没有辜负您的重托，第一篇文章出炉了，就是《拜年》。”

陈龙如今也算是有了几本作品的业余“写手”了，对于印成铅字的文章自然更清楚其中的不易。

其实，在小吕找他之前，他早已经把这编辑手记翻来覆去看了好几遍，虽然编辑们的文笔还稍显平淡，但有了这个契机，也能让编辑得到宣传和锻炼的机会。从效果上说，这些东西大概不仅是媒体欢迎的，也是邮迷们想了解的。

生肖邮票设计的人选有了着落后，未洋心里还有一块大石没有放下，她最近在跟进第二套《西游记》邮票的设计，设计者是年轻的画家李云中。

未洋常跟人说，邮票之中她最偏爱的就是故事类邮票，在她儿时的记忆里，始终忘不掉一个画面：暑假的正午，一个孩子趁父母熟睡，走四五公里的路到城市最大的邮局，踮起脚趴在柜台的玻璃上。她的小手数着攒了好久的零用钱，欢喜地把一套垂涎了两个月的《昭君出塞》邮票小心翼翼地捧回家。这个孩子就是未洋。

后来未洋做了邮票编辑，还时常拿出这套邮票，仔细端详。

只是如今再看这套邮票，心境已经不同，曾经它是一颗种子，让未洋爱上绘画，爱上邮票；现在看它却体会到了一套邮票的来之不易。

这一年，未洋得到了《中国古典名著——< 西游记 >（二）》的编辑工作。其实，《西游记（一）》的编辑并不是未洋，而是另外一位邮票编辑——阿甘。因为这件事，未洋可是羡慕了阿甘好一阵子。按照惯例，系列邮票的编辑通常也会由同一位编辑负责。但没料到，一年后原来作为《拜年》邮票编辑的未洋接下了生肖邮票的编辑工作，由于生肖和《拜年》两套邮票时间过于靠近，《拜年》邮票必须更换编辑。

《拜年》邮票的编辑工作几经讨论最后花落阿甘，于是未洋得到了一个机会，可以从阿甘手中换回一套邮票，这事儿可把未洋乐坏了，她二话没说挑选了《西游记》邮票。

知道未洋“觊觎”《西游记》邮票已久，阿甘有些悻悻地调侃未洋：“你把我的系列票给选了，我前期论证好的五组内容敢情都给你打工了。”

“你……你这就叫得了便宜还卖乖。《拜年》可是一枚票，《西游记》邮票是四加一，你说谁占便宜了！说！”未洋窘得满脸通红。虽然得到了自己想要编辑的邮票，那是“缘分使然”，可是《拜年》也是系列票，其实相比起来工作量还是增加了。

“好好好，反正我也不吃亏，《拜年》也算系列票，我就沾你的光，依样画葫芦就行。”阿甘四枚票换一枚，自以为是占了个便宜，做了“划算”买卖。

然而后来的事情证明，天下没有白来的午餐，《拜年》邮票遭遇了临时换图的风波，而《西游记》邮票也并没有想象中的顺利。

有了第一套《西游记》邮票的编辑报告，照理来说《西游记》邮票的编辑过程只需要继续将情节往下推动，督促好设计者及时交稿应该就高枕无忧了。但是，多年的编辑经验告诉未洋，看似简单的工作往往藏着更多的艰难，稍有不慎，就会给后面的工作带来巨大阻碍——所以编辑部的史主任总说，未洋就是生了一条操心的命。每每听到这话，未洋总是故作深沉地说：“天将降大任于斯人也，必先苦其心志！”

《西游记》全书分为三部分：第一部分为一到七回，叙写孙悟空出世到被压五行山，交代它被众猴拥立为王，得道成仙，大闹天宫，结果被如来佛降伏在五行山下；第二部分为八到十二回，写唐僧取经的缘起，包括如来佛造经，唐僧出世，魏征斩龙，唐太宗冥游，唐僧应诏出发取经；第三部分为十三到一百回，这是全书的主体，写取经的经过，主要写孙悟空保护唐僧前往西天取经，途中战胜八十一难，终于完成任务。

在确定要发行新版的名著系列邮票时，中华书局古文学编辑部主任俞国林老师及其团队给予了发行建议。他认为既然发行中国古典文学名著——《西游记》邮票首先要尊重原著，其次是尽量保证整套邮票发行内容的完整性。不能拘泥以往发行的内容，要尽可能做到美观、完整，情节经得住推敲。

研究明清小说的专家侯会老师则认为受发行枚数限制，如果专门介绍唐僧取经缘由就显浪费。不如介绍唐僧收徒，这也是取经过程，同时也介绍了故事人物，合情合理。取经过程中的内容可以按照邮政发行枚数自由组合，最后用小型张表达“五众成正果”会有非常好的效果。

在第一组编辑的时候出于画面效果的考虑，把“男主角”孙悟空出场的经典场景提到前面表现了，其实，智收白龙马、猪八戒拜师、大战流沙河再加上一枚“收悟空”的内容是第二组师徒四人组队成型的原定内容。既然“收悟空”被提前表现了，未洋面临的第一个难题就是要再选取一个合适表现的画面放到第二组当中。

未洋读了几次原来的编辑报告，觉得可以将“四圣试禅心”这个故事作为第二组第四枚邮票的内容。但这个内容却愁坏了设计者李云中，李云中尝试了几次，无论表现“撞婚”还是“八戒被绑”草图都不甚理想。于是在几次大大小小的研讨会之后，最终发行部拍板决定——换内容。此时有专家提出可以将“五庄观偷吃人参果”的内容提上来。

可这偷吃人参果如何表现呢？未洋心里有点打鼓，为了做《西游记》邮票，编辑论证前未洋就把她学生时代读过的《西游记》又拿出来读了一遍，对于偷吃人参果一节，她印象最深的是猪八戒囫囵吞枣吃人参果，结果还没尝出味道就吃完了，而后他还眼馋孙悟空手里的人参果。每次想到这些情节，未洋都会不自觉地笑出声来。

可是邮票画面上总不能表现猪八戒吞果子吧？还有没有什么更具有代表性的画面可以表现？

未洋不敢直接向专家寻求答案——万一给专家留下一个自己没用功的印象就不好了，于是趁着生肖邮票还处于创作阶段，她忙里偷出空闲来，把偷吃人参果的章回又来来回回读了几遍。

功夫不负有心人，再次重读原著果然有所发现，凭借自己对这一段故事的印象总结出三个可以表现的内容：偷吃果子、师徒受罚、观音救树。

为了论证自己的观点，她又前后读了两遍原著，其中救树一节，虽然精彩但是人数众多，根据原文，至少有观音、镇元、师徒、三仙九个人在场。

这样的大场面若用邮票表现，很吃亏，那么剩下两个场景究竟哪个合适呢?

有了想法，未洋觉得是时候找专家进一步咨询了，她首先联系的就是研究明清小说的侯会老师——侯会老师也是在当初新版古典名著小说发行论证前，给发行内容出过主意的专家。

对西游记极为熟悉的侯老师一听未洋的想法就提出了意见，他认为师徒受罚是唐僧四人“倒霉”的场景，还是不要表现了，既然题目为偷果，那就选择偷人参果吃的过程来表现吧。

但是选择偷果吃的画面依然有问题，这偷果的只有徒弟们，师父闭目念经并不参与，少了师傅这个“核心人物”在画面上总觉得不够完整。

苦思冥想未洋也不得其法。

这天周末在家，未洋收拾过了屋子后百无聊赖地打开电视消磨时间。谁知这一转台居然看到了某电视台又在重播央视版《西游记》，这让未洋又想起了自己的苦恼。

其实要说这央视版《西游记》拍得真不错，即使是今天看来，那些妖魔鬼怪的装束都是一丝不苟的，而且演员确实演什么像什么，就说六小龄童吧，这一举手一投足十足就是猴精的模样，连不以他为核心的镜头里，他也是时刻保持着含胸挠爪的模样，这是真正的艺术家呀！

未洋还真来了兴致，小时候，只要《西游记》里“噔噔噔噔，噔噔蹬蹬”的片头曲一响起，她就觉得暑假开始了。这大概是与她同龄的一代人心中不可替代的“神剧”，后来因为对情节实在太过熟悉，她就没再认真看过。既然刚好看到了，未洋也来了兴致，干脆调出网络电视中“偷吃人参果”这一集，看看能不能有些灵感。

故事说到镇元子的两个徒儿受到师傅的嘱托，摘了人参果，趁着唐僧的徒弟不在，偷偷拿去给唐僧吃。唐僧看见人参果就好像刚出生的婴儿一样，吓得浑身发抖，使劲摇手不敢吃。两个童子解释说：“这是仙果，不是人！”唐僧仍是不信，让他们赶快端走。

两个童子没有办法，只好端着人参果，回到房里。因为那人参果不能久放，于是两童子一商量就一人一个，分着吃了。谁知这间房子正好和厨房挨着，两童子分吃人参果的事，八戒透过窗户看得清清楚楚，馋得直流口水，恨不得立刻吃一个。

哎，未洋灵机一动，有主意了，借用窗户这个道具，不就能够把两个场景拼接在一起了嘛！

绘画艺术借用影视剧当中的蒙太奇手法还真是一个奇思妙想，未洋越想越兴奋，一到工作日就拿着修改后的编辑报告，立刻找李云中着手起草这一枚邮票的草图。设计者根据调整后的内容将悟空三人的后景设计为一个窗户，透过窗户远远看到唐僧正在礼佛念经，也算是完成了师徒四人“同框”的画面，并且在画面上有了故事的层次感，妙哉。

四枚草图都已完成，图稿正式进入了鉴定阶段。虽说在故事情节和绘画功底上大家都没什么可挑剔的，但有一个地方，总是让人左右看着不太舒服，这就是西游记中最标志性的角色——猪八戒！草图中，猪八戒黑脸长嘴，面目凶恶，完全没有了大家印象中的憨态可掬。

武马是第一个指出这件事情的，他平时性格谨慎，说话也比较顾忌，只是隐晦地对未洋提出来：“猪八戒是不是有点凶？”

这一问其实把未洋的疑虑也问出来了，她先前就觉得猪八戒好像和印象中的形象有些不大符合。

未洋心里有三个印象深刻的猪八戒形象：一个是小时候连环画中黑白笔触勾勒的猪八戒，虽然谈不上可爱，不过还算是个人的形象；一个是央视版《西游记》中的猪八戒形象，说话懒懒散散，好吃懒做，让人又爱又气；还有一个是徐峥演的《春光灿烂猪八戒》里圆头圆脑机智可爱的猪八戒，这个版本虽说是戏说猪八戒，可是对于“80后”“90后”一代人来说，也是深入人心的经典形象。

但无论是哪个猪八戒，就是没有现在这样黑毛黑脑、瞪目长脸的猪八戒。可这话，未洋不敢说，她深怕个人审美不同、艺术风格也有偏向，于是决定还是将图稿提交给发行部审核。

谁知这一看，大家都提出了猪八戒的问题。

一般来说邮票都有相对固定的编辑流程，组稿阶段基本上是约稿、中途看稿、收稿、鉴定、修改、再鉴定、定稿。但是绘画类邮票在组稿过程中最害怕的一环就是——修改。绘画是一个从零到一的原创过程，一旦画成，就很难由别人插手对细节进行修改，虽说如今技术发达，可绘画作品用电脑修改多了，就失去画作本身的协调感，容易成为“四不像”。而艺术家们往往都对自己的艺术作品十分自信，对于别人提出的修改要求颇多微词，所以劝说艺术家们修改自己的原画，成了一个让编辑们头疼的工作。

武马对未洋说，还是找李老师修改一下，邮票毕竟还得照顾到老百姓的观感，这正面人物猪八戒不能和妖魔鬼怪一样风格。

未洋也很为难，以她的经验来看，如果是有科学性的问题，设计者们一般都很配合地修改，可是如果是质疑创作本身的效果，都会收到激烈反弹。可是这也没有办法，未洋只能硬着头皮去说服李老师修改猪八戒的形象。这一劝，果然起了不小的风波。

李云中从 3 岁起就开始画画，对《西游记》原著更是烂熟于心，可以算得上《西游记》的大半个专家。他的态度十分坚决——不改！在原著里面，猪八戒的形象就是这样的黑脸、长毛、长嘴，没有一点可爱而言，大家如今对于猪八戒的印象都是受到了电视剧的影响，要怪只能怪电视剧为了照顾观众而做的改动。

未洋想李老师的坚持是有道理的，而原文也确实如此描绘。但是邮票毕竟不同于其他创作，它有时需要严肃的创作态度，分毫不差，而有时又需要兼顾到大众的审美取向，在合理的基础上进行一些艺术处理甚至是美化。而设计者的智慧之处就在于能否在科学与艺术之间找到那个平衡点，既不脱离原著太远，又能让邮票画面更具有美感。

一时无法劝说李老师，未洋原以为这件事情就要陷入僵局，心里有些打退堂鼓了：反正在科学性上是可行的，要不还是不要修改了吧？

中国有句老话：山重水复疑无路，柳暗花明又一村。就在未洋要放弃的时候，嘴上说着坚决不改的李云中竟又默默修改了一稿发给未洋，这一次，猪八戒变得柔和多了。收到图稿的一刻，未洋心里除了感谢就是感动。

图稿终于到了最后阶段，就在未洋刚要松一口气的时候，却接到了一个让她觉得“不寒而栗”的电话。原来是邮票发行部打来电话征求意见，提出从一个邮迷的角度来说，第一枚邮票图案能够看出来是收白龙马的故事，但是第二、三、四枚的邮票图案却很难直接读出故事内容。邮票的语言没有文字说明，千言万语都只能融入画面之中，尤其是古典名著这样题材的邮票。对于很多人来说，甚至有人将邮票作为给孩子的启蒙“教材”，这就要求图稿画面能让人们从中读出故事、讲出故事，一些标志性的元素的确有助于大家理解邮票想要表达的内涵。

怎么样才能在现有的画面中点题，让人一眼就知道是哪一段情节的故事呢？

有人想出了一个妙计：高老庄加一个写着“高”字的灯笼，流沙河加一个点名地点的石碑，人参果那一幕就加上一棵果树！这样一来，就给了收藏者一些提示情节的线索了。

未洋略略有些放心，如果是这样的改动，应该没有问题。于是她又一次找到了李云中，把想要加上新元素的前因后果一五一十告诉了李云中，这一次他表示接受。但是李云中提醒未洋，高老庄是在乌斯藏国，加上汉字“高”字是否妥当，需要斟酌。

一听这话，未洋又犹豫了，她第一百零一次开始翻找原著，确定了高老庄确实在乌斯藏，进而再查找乌斯藏到底是一个什么样的地方。通过查找发现，唐代时并没这个地方的记载，乌斯藏是明代对西藏的称呼，而从明代开始人们对于神秘的西藏开始有了一些猜想，所以作者所在的年代，将“乌斯藏”放入文中也是有可能的。如果是这样，那么西藏当时的文字也就不可能是汉字，为了科学的严谨，这枚邮票便保持了现在的样子未作修改。而第三枚流沙河在原著中特别写到，岸上有一石碑，上面有篆书写的“流沙河”三个字，碑腹还有四行字，每行五字，这一处修改没有太多的争议。第四枚加人参果却没那么简单了，李云中认为人参果树是在比较远的地方，画面现在有一棵树能否就默认为人参果树。而专家的建议是需要人参果树只露出很小的一个枝桠，上面挂着一两个果儿，既点出了这枚邮票的内容，又能够表示果树很远。原文说到人参果树的叶子如芭蕉一般，果子像三朝未满的婴儿，倒挂着，现有的树并不符合描述。经过给李云中做工作，他

加树前的图稿

还是很认真地加上了这一元素。

经过几番修改，直到农历新年以前这套原以为会很轻松的系列邮票才真正尘埃落定。

未洋也终于能把工作的重心再次转移到生肖邮票上了，她想，过几天就又是去周老师家看生肖稿子的日子了，她要早些通知陈龙他们留出时间。

不知道今年的生肖狗票最后是什么模样？未洋有些期待……

第十五回

印制局工艺再竞争　中华犬雕刻考功夫

冬去春来，周围的绿色一天天加深了颜色，时间一点没有停下脚步的意思，转眼就迎来了立夏时节。

5 月 23 日这一天下午 3 点刚过，陈龙就出现在了邮政集团大楼的西门外。上班时间看到陈龙外出这可不常见。不过，这天陈龙是带着任务出行的。

自从邮票设计的大事小情丢给小吕后，陈龙确实轻松了不少，于是可以一心一意地抓经营与管理。不过，要是说生肖邮票的设计他不管不问那也不现实。

前几天，未洋把周容老师发来的生肖图稿转发给了陈龙，几次调整思路和画法之后，这一次大家终于都对图稿达成了一致意见。

他知道，目前虽然生肖狗年邮票图稿基本算是定下了，可这生肖邮票的运作工作只能说刚开了头。

接下来是雕刻布线、确定雕刻师、制版打样、开机印刷、发行、宣传等众多环节，哪个环节都不能掉以轻心。

面对这么多的环节，陈龙又怎能不重视呢！为今之计，唯有亲力亲为。

这天上午，陈龙刚刚参加了 2017 年集邮周活动方案的讨论会。集邮周即将在 7 月底至 8 月初举办，这意味着，生肖邮票的开机印刷仪式也将在这期间举行。

陈龙快步走着，显得急三火四的样子——这生肖邮票年年都想着赶早，为后面的印刷工作赢取时间，怎么就年年都觉得时间紧迫呢？

下个礼拜就是端午节了，陈龙决定要在假期之前将生肖雕刻工艺竞争的任务布置下去，其他人他管不了了，至少自己得安心过个小长假。

“陈龙，在这儿！”忽然马路对面传来了一阵疾呼，陈龙左右看不见人，只见一辆出租车缓缓驶入他的视线里，在车厢后座挥手打着招呼的是小吕。

“来了。”陈龙紧着两步跨过了马路。

“武马呢？”陈龙一边问着，一边打开了车门，坐在了副驾驶的位置上。

“他们要提前去看看还在印刷的邮票，他和李姐提前过去了。”小吕回答到。

“师傅，牛街！”回答了陈龙的问题，小吕忙催促师傅开车。

陈龙在车里找着了个舒服的姿势，把自己的手脚都安顿舒坦了，出租车就驶出了金融大街。

陈龙最近对“互联网 +”突然来了兴趣，见出租车师傅遇着个红绿灯就摆弄会儿手机，便主动和师傅聊上了：“师傅，您这是绑定的滴滴吧？”

“嘿，那是啊，现在不搞滴滴都接不到活儿，时代不一样喽！”北京的出租师傅有一个闻名全国的特点：爱聊天。尤其遇上陈龙这样主动“搭讪”的，更是忙不迭地说了起来。

“你说这滴滴刚弄起来的时候，多好啊，咱们一会儿接个单就给点奖励的，现在不行了，什么奖励都没有。”司机师傅那样子，颇有点感慨万千的意思。

“那是，事物刚发展起来的时候都需要用点‘好处’，让大家改变自己的习惯。你看现在，打车的人低头看手机，开车的人也低头看手机。就是我，特别老土，还在招手打车。”陈龙以前总跟认识他的人说，他的手机只需要打电话和发短信的功能，其他的他一律不玩。可是陈龙没有料到这一天一个样的互联网时代滚滚而来，让他们早已习惯了的一切都变得不再习惯了。

这陈龙确实有点 out 了！

“但我最近发现了一个好东西。”陈龙顿了顿，又说道，“你看，就是那个。”

出租车驶出车水马龙的复兴门大街后，就开始进入一米一停的“堵车段”，车窗外除了熙攘的车辆还有一排排黄黄橘橘的自行车鳞次栉比摆放在人行道边，很是显眼。

陈龙指着这一排排的自行车说道：“就是这个共享单车，这东西真是太方便了！”

说起这小小的共享单车，陈龙有夸不完的“恭维”话。

“我呀，以前上下班都是先坐地铁，下了地铁再打个车，起步价五分钟就能到家了。但是这么一来上下班的成本就高了，有了这个东西，现在我出了地铁找辆共享单车，有时候一块，有时候五毛，还能顺带买把大葱带回家。”陈龙为自己的“时髦”颇有些得意。

“那是，那是，确实是个好东西，就是这个共享单车其实对我们开出租车也有些冲击。”师傅苦笑着说。

"嘿嘿，远的地方自行车就去不了了。"陈龙见一不小心触到了出租车师傅的疼处，连忙岔开话题，"你说，市政自行车还是免费的，怎么这么多年了就没推行起来？这个共享单车就有这么大的影响力！"

"这还真是互联网思维的优越之处！"小吕接话道，"您想啊，共享单车只需要一个手机就能随时取车，可这市政自行车需要去办卡、充值，要停车的时候还得找到专门的地方去停，有时候你找到了停车的地方，还没车位。两者相比，孰优孰劣就一目了然了。"

"这话说得对，这是一个个性化的时代，也是人性化的时代，谁能比别人多想一步，谁就能掌握这个市场。"陈龙说完这句就转头看着窗外，走过了拥堵地段，车子又一路顺行在通往邮票印制局的道路上。

此时此刻的陈龙和小吕心里想的大概都是一个事情：邮票文化在互联网时代应该怎样获得自己的一席之地？

这个课题太重，陈龙有些庆幸自己生活的那个年代，变化没有那么快，只要努力踏实地干活，就不用担心落后。现在嘛，是每天一个新观念的时代，一种新模式就有可能颠覆一个行业。他觉得自己大概只能外行看热闹了，这未来是年轻人的天下。

陈龙他们很快就到了印制局，马局长已经在门外等候多时了。今天的任务还是个秘密工作，自己事先交待过，不要惊动太多人。

于是，马局长亲自到印制局大门口迎接陈龙，他带着陈龙向着二楼的会议室走去。

一路上，不时有许多工人跟马局长打招呼："马局长，您忙呢？又要开会呀！"

"马局长，戈贝尔那台印刷机开得很顺，您就放心吧。"

要说现在马局长在印制局里面的口碑还真是不错，提起马局长，那都是竖起大拇哥啊，至少工效挂钩后现在工人的奖金提高了不少，大家干起活来舒心多了。

马局长是印制局的老人，自打工作就在局里，几乎所有的人都和他很熟，不过熟归熟，可是大家心里都是充满敬畏的，毕竟人家现在是一局之长，尊敬还是要挂在脸上的！

马局长也不端着架子，总是微笑着和他们一一挥手致意，这更是惹得大家无比兴奋，感觉马局长对他们挥手致意是一件很有面子的事情。

陈龙他们推开会议室的时候，尹虎、武马、未洋一字排开坐在一边，几位年纪稍长穿着蓝色工装服的是胶雕车间的老师傅，还有来自邮票印制局雕刻班的成员坐在另一边，都在安静等待着会议的开始。

众人坐定后，小吕担当起了这次会议的主持："大家知道，今天是狗年生肖邮票的雕刻工艺竞争会，第四轮生肖邮票从第一套起就采取了雕刻工艺竞争和雕刻印刷，可以说取得了很好的社会效果，也给印制局的年轻雕刻师一个公平竞争的机会。去年小明就是工艺竞争的胜出者。"

随着小吕的话，大家都把目光投向了坐在角落的一位年轻姑娘，小明有些害羞地对着大家笑了笑，她成为生肖邮票最年轻的雕刻者还真是要感谢这个雕刻竞争的机制，今年她又报名来参加雕刻竞争了。

"同时，今天也是狗年的生肖邮票第一次在除了主创团队之外的人面前亮相，我们当中的大多数人都没有见过生肖狗的邮票图稿，距离邮票开机印刷还有 3 个月时间，希望大家继续帮忙做好保密工作。现在，我来为大家介绍一下到场的人员……"

参加会议的有陈龙、马局长这些拍板拿主意的"领导"，有未洋、

雕刻师队伍

小薇等熟悉邮票组稿的编辑，有武马、李姐统筹对接印制工作，有尹虎、小吕把握艺术水准，还有印制局的高级工程师，专门负责给大家分析印刷机的特点和工艺事项。这样一个强有力的团队，让参加竞争的雕刻师们都不禁坐直了身板，生怕漏掉一点重要信息。

未洋将准备好的 PPT 播放出来，向参加竞争的雕刻师们宣布了规则："从今天下发资料到交稿总共有 20 天时间，最后的评选结果和前两套一样由邮票设计者来决定，在雕刻稿上不得做任何标记或者署名。"未洋一本正经地向大家介绍着，有了前两年的经验，如今的未洋已经对布线工艺竞争的要点和流程相当熟悉了。

"最后，还要给大家提一个保密要求，在每个人的资料袋里都有一份保密协议，需要大家签署。"未洋晃了晃手中的牛皮纸袋。

接着，她将幻灯片切换到了下一帧——《戊戌年》生肖邮票的图稿。

只见在座的人都被眼前色彩夺目的图稿给吸引了，提前见到生肖邮票图稿，这个待遇可不是人人都能拥有的。

且见这画面上第一枚的公狗花色是白底黑斑，姿态昂首挺胸，目光炯炯有神，两只耳朵机警地竖立着，仿佛两根雷达天线。大狗的两条后腿有力地向后蹬着，好像随时都会如箭一般冲出去，颇有看家护院的气势。而右边的画面上一大一小两只狗则营造出了另一种氛围：一只棕色的大狗应该是狗妈妈，正在低头亲吻一只幼崽，眼神中满满的都是母爱。身前的小黑狗昂头挺立，就像那些喜欢学大人姿势的孩子一样，眼里明明满是幼稚胆怯，却要像大狗一样努力挺直身躯。

这三只狗的形象都源自于中华田园犬，陈龙他们和周老师都认为既然要表现中国的生肖文化，那么最好是以中国品种的狗形象作为原型最为合适。第四轮生肖狗年邮票，就是要以小见大，既能有家业兴旺这样符合老百姓心理诉求的寓意，也能体现祈愿华夏神州大地国泰民安，繁荣富强。

陈龙见众人纷纷议论着新的生肖邮票图稿，主动做起了介绍："这狗年生肖邮票图稿，在场的除了四个人以外，其他人都是第一次见到。这枚邮票的设计者周令钊老师已经98周岁高龄，明年他就是虚岁百岁的老人了，这个别说在中国的邮票设计者当中绝无仅有，就是在世界邮票发行历史上都能称得上第一人了。"

大家听到这话，都感到有些惊讶，百岁老人竟然还能为邮票画稿，这一定会成为邮票发行史上的一桩佳话。

陈龙继续说道："今天我们将雕刻布线的任务布置下去，我个人认为有这么几个重点：首先，是要能充分理解生肖的含义。生肖并不仅仅简单地等同于动物，大家也看到了，我们每次的生肖邮票都在生肖形象的背后寄予了一些含义，这次的狗也是如此。"

大家一边听着陈龙的介绍，一面又将视线转回了大屏幕上的邮票图稿。

"一图的狗身姿挺拔，其实我们在这其中是赋予了这只狗一个主体思想的，是希望和犬守平安、看家护院联系在一起，也是希望在过年的时候带给老百姓一个'平安'的祝福；二图还是延续了家庭的概念，母狗带着小狗，大家都知道我们中国人有句话叫'家和万事兴'，这母慈子孝、一团和气的画面，就是希望传达一个'兴旺'的概念。"

陈龙这么一说，大家恍然大悟，再看大屏幕上的图稿，果真觉得一图的大狗警觉地看着前方，目光如炬，看着分明就是在守卫家宅。

"其次，就是希望这次的雕刻对于原来的画稿来说，既要能锦上添花，也要能雪中送炭。通过雕刻布线再加上印制工艺，让画稿增色，成为一套有较高艺术水平的邮票。"陈龙的声音又再次响起。

"第三，就是要考虑到艺术效果和批量生产的平衡。毕竟我们的邮票是需要批量生产的，在保证艺术水平的前提下要尽量采用能提高印制合格率的雕刻方式。咱们今天也请到了印制方面的专家，一会儿他们会做更专业的介绍。”

陈龙把该交待的事情都交待了一遍，意味深长地看看正拿笔记录的雕刻师们，想了想又补充一句：“其实我是特别希望能有年轻雕刻师脱颖而出，像去年的小明一样，不仅锻炼提高了自己，还得到了很多的机会。咱们这次的设计者周令钊老师可是韩美林的恩师，韩先生自己都说，他见到周令钊要磕三个头喊声老师。周老师在业内是非常有声望的老师，所以如果你们的雕刻稿能够得到他的认可，那是巨大的荣誉。”

说罢，陈龙点点头示意尹虎：“尹虎，你从艺术角度也给大家提点要求。”

“那我说说。今天大家看到了这个图稿，我认为狗年的生肖邮票雕刻布线是这三年来难度最大的一次。”尹虎一句话顿时让会议厅里安静了下来。

倒是尹虎自己慢条斯理、不紧不慢地抿了口手中的茶水：“前年黄永玉先生的猴票线条明晰，对于雕刻布线来说，有先天的优势；去年韩美林先生的鸡票，色彩浓烈，可以用色彩来弥补线条的缺失，对于雕刻布线的要求就没有那么高……”

静，格外的安静，会议室里一时间落针可闻。尹虎环顾四周，满意地看到大家都聚精会神地听着他的分析。

小明和欧姐作为鸡年邮票的雕刻者也是认同地点了点头，韩美林老师画的鸡装饰性比较强，大面积的色块的确掩饰了雕刻线条的不足，但今年……

“然而今年这狗可不一样，尤其是第一图，你们看。”尹虎指着大屏幕。

“第一图的狗只有黑白对比色，它将完全依赖于雕刻线条，也就是说雕刻稿就是邮票图稿，基本上雕刻线稿成型后就能看到邮票图稿的样子了。”

这话一出，会场又是一阵议论：

陈龙想的是，姜还是老的辣，尹虎不愧是天天跟邮票设计打交道的，真是一针见血啊！

马局长想的是，雕刻对这套邮票这么重要，正是我们印制局大展拳脚的好机会！

武马想的是，唉，雕刻难度大，看来今年怎么保生产，怎么提高合格率又要伤脑经了！

未洋想的是，尹虎老师快别说了，再说下去，参加工艺竞争的雕刻师们都要吓跑啦！

……

尹虎像是知道了大家的想法，连连补充道：“不过大家也别担心，所谓艺高人胆大，困难是相对的嘛，就看谁对生肖和原画理解得深，谁的方法能和腐蚀工艺结合得好。艺术嘛，没有绝对的对错。”

小吕赶忙接话：“是的，是的，尹虎老师说的对，每个人对画面的理解不同，大家按着自己的想法去布线。接下来，咱们让印制局胶雕车间的牛主任给咱们讲讲印制工艺上有什么需要注意的点吧。”

就见坐在会议桌一角一位穿着深蓝色工装、身材精干的牛主任突然往前挪了挪身子，说道：“大家好，今天我也是第一次看到这狗年生肖邮票的图稿，我来说说我的理解。”牛主任是印制局的“老印制”了，这么多年，大大小小的邮票他见了不计其数。

“我目前粗略地看看这个图稿，觉得有两个要点，一个是油墨的颜色需要调好，得让墨色印出来以后偏黑而不能偏灰；第二个就是套印要准确，大家看屏幕上的图稿，底色是大红色，狗的身体呢都是黑白色的，要是套不好，不管是白色染到红色，还是红色覆盖到狗的身体上，都会非常明显。”

“嗯，这个说得有理，很有道理，我深以为然，这确实是印制的重点！”负责制版的王主任非常赞同，“这是难点，这个大红底色能不能换一下？只要不是大红底色，换成其他颜色都行。”

马局长是把她的为难看在眼里，不过却是装着没看见的样子：“开玩笑，这大红底色据说是周令钊老先生选的，怎么轻易就换了！”

陈龙也说：“马局长说得对，这大红底色换不了。”

王主任一看两位领导都坚持大红底色，哪里还敢计较，忙改口说：“要是这样，我建议咱们最好是能使用专色，这样合格率高，油墨出来的颜色更统一。不过，套版得多试验几次，争取达到最好效果。”

“不是争取，是必须。这可是生肖邮票，一定要做到最好的效果。”马局长一听转身纠正道。

这话一出，大家都是吃惊，王主任也是一愣，半天回不过神来，只好呵呵一笑，圆鼓鼓的眼睛顿时笑成一条月牙：“马局长，您的要求真高呀，我们肯定得做到最好啊。”

马局长这时又赶紧对陈龙道：“陈龙，你放心，我当你的面表个态，印制局一定印好这套票！”

陈龙站起身来，对马局长拱手道：“马局长，那我就拜托了！”

这下王主任的心是提到嗓子眼了，赶紧说道：“牛主任，快点交待清楚，这雕刻线条和印刷的关系至关重要！”

牛主任叹了口气，看向众人，而后说道：“对于雕刻线条，就是尽量避免完全使用横竖线条，否则容易造成纸张擦破的现象，擦墨的方向要想好。”牛主任又不放心地交待了一句。

大家听了，都不禁点点头，确实如此，生肖猴票也好，鸡票也罢，印刷时都出现过批量不稳的问题，到后来发现都是擦墨造成的！

小吕一听心里不禁打起鼓来，看来这印刷的关键是擦墨呀，于是问道：“那大家还有什么疑问吗？”

马局长自信满满地说道：“陈龙，你放心，擦墨这个问题相信印制局一定能解决好，这两年印刷生肖邮票，我们多少积累了一些经验！”

陈龙见马局长说得很有信心，心里很高兴，对马局长勉励道：“你有这份决心我很欣慰，也不枉集团把印刷生肖邮票这么重的任务交给印制局，我们也相信印制局自当奋进拼搏才是。”

马局长感激道：“谢领导勉励，此言，我们一定转达给胶雕车间的工人。”

小吕见主要的事情基本上说清楚了，便说道：“天色不早了，大家再提提问题吧。”

大家你看看我，我看看你，这一时半会儿信息量有点大，不是心里问题太多，就是还想不到什么问题。这时，只见一只怯生生的手缓缓举了起来。

“哦，看来小明是有备而来呀，你说，有什么问题？”小吕示意了坐在第二排的小明。

“我……我就一个问题。”

“一个问题也是问题，说吧。”

“这狗怎么没牙呀？”

这个问题一出口，小明有些后悔，因为大家都乐了。

尹虎连忙解释：“这是因为我们觉得加了牙齿，狗的形象就显得

认真研究，仔细推敲

比较凶，毕竟是要传递家宅平安、合家欢乐的概念，还是不适宜太过于写实。”

听过解释，大家又是赞同地点点头，确实有理。

“好的，如果大家没有什么问题，就到未洋那里领取资料袋和保密协议。记住，生肖邮票的图稿内容在公布之前绝不能泄露。散会！”

当陈龙几个人走出邮票印制局，那真是神清气爽啊，他们有理由相信狗票的雕刻布线会有一个满意的结果！

第十六回

儿童票引集体回忆　青年人担重责大任

在等待生肖邮票雕刻工艺竞争的结果前，《儿童游戏》的邮票发行了。

好多人说，如今买邮票的都是些50岁以上的“老年人”了，现在的年轻人还有几个玩邮票的？

这话其实说得有些偏颇。

多年以来，在全世界范围内，为了传播集邮知识、满足各个年龄层面的集邮群体，各国邮政都在坚持发行儿童题材邮票，像日本邮政就发行过大家耳熟能详的动漫邮票，柯南、皮卡丘、海贼王、樱桃小丸子都是邮票上的“明星”，还有世界许多国家都发行过出自孩子之手的“儿童画”邮票。

中国也发行了许多面向儿童题材的邮票，像是这些年发行过的《小蝌蚪找妈妈》《大闹天宫》，还有去年在上海盛大开幕的上海迪士尼乐园也发行了《上海迪士尼》特种邮票，不仅是去上海迪士尼的小朋友们喜欢，大朋友、老朋友也都喜欢。

只是中国始终没有产生具有世界影响力的动画形象，前几年孩子们喜欢灰太狼，这几年就喜欢熊大了，似乎总是没有像 Hello Kitty、樱桃小丸子或者米老鼠那样标志性的形象，只要一出现就能让人记住。

2017 年中国邮政发行了一套儿童题材邮票——《儿童游戏》(一)。

关于《儿童游戏》的第一次内部讨论会在确定了邮票发行计划后很快就召开了，邮票发行部对这套邮票相当重视，觉得这套邮票从设计到工艺应该都大有可为，而这第一次研讨是为邮票定调的一次会议，因此发行部、编辑部的相关人员都参与了。

大概是由于讨论的选题是个轻松的内容，也勾起了大家许多童年的回忆，会议的氛围出奇得轻松。

“我觉得眼下最需要解决的问题就是，这个儿童是哪个时代的儿童，游戏是什么人的游戏。比如说我是上世纪 50 年代生人，我小时候玩的那些就是打弹弓呀、打陀螺呀，还都是自己手工做的，估计你们这些小孩都没见过。”

陈龙说起小时候玩的游戏，颇有些得意，他们那个年代哪有今天小孩的生活丰富呀，可是他们什么都能自己动手做，乐趣一点也不比今天的孩子少。

“对，其实我小时候也玩这些，我是上世纪 70 年代生的，我们也玩打弹弓，人多的话就是丢沙包、摸瞎子、跳大绳。”武马也借着陈龙的话题说。

“那是你们男孩玩的游戏，我们女孩小时候就玩跳皮筋、跳格子，还有丢手绢。”会上的女士们也忍不住插话了，这童年游戏可不能都让那些男孩的游戏给占了。

大家你一言我一语，都回忆起了自己小时候玩过的游戏，仿佛那个蓝天白云下奔跑的少年、少女就是昨天发生的事情。

陈龙看发言的都是一些“年事已高”的同事，他们的童年可能不具有代表性，于是对部门里的年轻同志说：“你们‘90后’也说说，你们到底玩的是什么？”

“领导，可能我是个‘假90后’，为什么你们大家提的我小时候都玩过呀，什么跳皮筋、丢沙包、跳格子，哦，还有人多的话就玩你跑我抓、躲迷藏。”这次会议年纪最小的小敏一听领导点名“90后”，当仁不让地接了话茬。

“而且吧，我看我的那些小侄子、侄女，他们现在就爱玩手机、iPad，还有电脑游戏，咱们小时候玩的那些都不玩了。”小敏继续说道。

“但是咱们不合适在邮票画面上去表现这些吧，毕竟很多家长是反对小孩玩这些的，伤眼睛还容易入迷。”负责集邮经营管理的琪琪，刚刚成为一个新手妈妈，对于这种内容特别敏感。

“说得对，上了邮票画面就是一种倡导和指引，这些电子设备虽然有带给生活方便的一面，但对于孩子来说还是不提倡沉迷于电子游戏的，这个内容咱们还是不能表现。不过现在孩子也有一些玩具，像乐高呀、拼图呀，都是益智玩具。”

“乐高、拼图是很好，可是你们知道吗，现在要买一套乐高和好的拼图有多贵？前阵子我家亲戚送了我们一套，还说是国外进口正版的，我一问居然要六七百呢。”

“可不是吗，现在小孩的东西都这么贵，要不怎么好多人都不敢生二胎呢！”

大家的讨论倒是给了陈龙不少新的想法，气氛很好，现在就需要他来把会议“引上正轨”：“那我们就得确定一下，这个童年游戏表现的到底是今天的孩子玩的游戏呢，还是上世纪90年代、80年代，或者是50年代孩子们玩的游戏呢？而且刚才提到的原则很对，对孩子发展不好的不能表现，过于昂贵的游戏也谨慎表现，还要避免有商业广告的嫌疑。”多年的邮票发行经验告诉陈龙，把握原则和底线是确定邮票发行工作的第一要素。

这时，武马突然出声了：“领导，各位同事，我是这样想的……”

武马说话习惯先说原因，再说结论，并且总要用上“我是这样想的”。

“首先咱们的儿童题材邮票面对的不仅仅是儿童，更是儿童的家长，除了考虑到孩子喜欢，还要让家长喜欢，这样邮票才能有市场。”

武马的话说到了陈龙心里，时代变了，邮票的功能也在转变，如今的选题再也不能只是一厢情愿地做我们自己认为好的内容，考虑到市场，考虑到老百姓，邮票才能有生机。

武马摩挲着手中的大茶杯，不紧不慢地抿了一口，继续说道：“从刚才大家的发言中，我总结，其实上世纪 70 至 90 年代这拨人的童年游戏是有很大的重合性的，而且这个年纪的人正是处在开始回忆童年，童年记忆又还比较鲜明的年纪。而他们的孩子也正处在童年到少年这个阶段，我觉得咱们应该把目标集中在这一段。”

琪琪连连点头称赞：“这也是我的感觉，说来说去咱们这几十年玩的都是这些游戏，而且跳皮筋呀、丢沙包呀这些游戏特别具有时代的代表性，我觉得就是对今天的孩子来说也是很有吸引力的。”

“这是真的，有时候我跟孩子玩起我小时候玩的翻绳，她就特别感兴趣。只是他们如今被各种各样的课外班和眼花缭乱的电子设备给绑住了，咱们小时候那些在一个大杂院里，一招呼就能出来玩的游戏，现在的孩子已经没有这个时间和条件了。你说现在的楼房，他们能找谁去玩躲迷藏呀，马路上车那么多，敢让他们出去吗？”

“我觉得如果咱们选择这些有益身心健康同时也是有利于表现孩子们之间‘社会交往’的传统游戏，对于今天的孩子来说也是一种好的引导，让他们看到更多的可能性，游戏不是只有电脑上那些打打杀杀的才有意思的。”

看来这个“复古”方案已经得到了会议大多数人的认同，陈龙觉得头脑风暴式的会议确实有效果，一开始他还没有考虑到那么多，想着把这一系列邮票大概按着时代划分发完了就是了，倒是大家的话语引起了他的思考。

邮票发行总得把握着几个原则，宣传内容要积极健康、邮票题材要能引起百姓共鸣，这样一来正面意义有了，市场也能打开了，其他的一切，好办！

小温接到这套邮票的编辑工作时，就知道这是一套向童年“致敬”的邮票。其实，纪特邮票发行计划一公布，小温就“盯”上了这套邮票，毕竟，身为“80 后”的小温对于自己的童年游戏可是记忆犹新。她最怵的就是那些政治题材邮票，如果能把《儿童游戏》这种轻松活泼的选题交给她，她肯定是一百二十分地积极响应。

每年的邮票发行计划确定之后，邮票编辑部都有一个固定的流程叫作“分任务”，由于编辑的工作涉及对相关资料的搜集和研读，还涉及到与专家、设计师、相关部门的沟通，一旦开始了别人就很难接手。因此这“分任务”的玄机可大了，全年 30 来套邮票，不仅要顾及到每个编辑的工作总量和时间密度——不能有的人忙得团团转，有的人闲得数手指，还要顾及到每个人的能力和性格。

所以当小温看到编辑任务表上《儿童游戏》后面紧跟着自己的大名，一时乐开了花，顺带不忘调侃分任务的史主任一句：“领导是按着年龄来给分的任务吗？知道我年纪轻，还给我分个‘儿童游戏’。”

小温是 1988 年生人，其实算是个准“90 后”，但别看她年纪小，一毕业后就来到邮票编辑部工作，转眼也有 6 年的时间了。编辑部里往来接触的都是各行各业的专家学者，编辑之间也就一口一个“老师”管彼此叫开了。

只有这小温，这么多年了依然没有摘掉“小”字辈的帽子。

一个是来的时候年龄小，工作许多年了也还是编辑部里的年轻力量；另一个是作为地道的北京妞儿，她大大咧咧的说话方式也实在很难让人把她和“老师”联系在一起。所以尽管后来编辑部陆陆续续也来了些比她年纪小的新人，她依然没有从“小温”升级为“温老师”。即使是面对自己的直接领导，依然不改她“没大没小”的说话方式。

“现在按照联合国的定义，1992 年出生的也算是中年妇女了，所以你这个中年妇女做这个票也算是对童年时代的一个回忆了。”史主任见小温得了便宜还卖乖，给了小温重磅一击。

好在编辑部的人早就习惯了，这一老一小逮着机会就要互相吐槽一番，要是他俩在办公室，没听到他们贫嘴，大概要看看今天的太阳是从哪边升起的。

小温没有想到这本来“轻松愉悦”的选题，从一开始就面临了一个巨大的难题。

每套选题在进行设计前都要找到相应的专家来做后续支撑工作，科学科技类题材可以找研究院所和高校，艺术文学类有故宫、国家博物馆，可是这儿童游戏该找谁呢?

小温着实犯难了。

她找了未洋、小薇这些资深编辑讨教经验，可大家手头上都找不到一个看上去靠谱的机构。实在没辙儿了，她只能求助“百度”，在互联网上找到了几个在北京的看上去和儿童游戏沾边的机构，查了 114 就给人打了电话。

然而结果可想而知，小温算是碰了一鼻子灰。

她清了清嗓子，一口甜美的北京普通话，给中国妇女儿童博物馆打电话，对方回答：“我们这里都是社会捐赠的展品，没有专门研究游戏的专家。”

哎，失败！

她“咕咚咕咚”灌了两口咖啡，又给中国玩具协会打电话，对方说：“我们只是玩具生产企业的一个组织协会，没有研究游戏的专家。”

哎，又失败！

她再接再厉，又举起了办公桌上的白色电话，做出一副董存瑞扛炸药包的英勇表情，继续拨打下一个号码……

就这样，眼见着笔记本上的机构列表一个一个被划去，一张刺眼的试卷铺陈在小温眼前。

这时，嘲笑着她的白色电话机突然响了起来，一天都在给别人打电话的小温吓了一跳，一看号码是邮票发行部的小吕，她连忙接起电话：“喂，我是小温……诶，吕老师呀……啊，不是吧，又给否了？”

选题论证的事情陷入了困境，想不到屋漏偏逢连夜雨，同步进行的图稿设计也遇到了麻烦。

前期，通过编辑自己搜集资料加上邮票发行部的共同研讨初步列出了四组儿童游戏内容，每组展现四个游戏。

编辑小温除了一边寻找着能够支撑选题论证的专家，一边还得根据史主任的经验向几位可能适合设计这个选题的设计师约稿。可这初步的稿件一出来小温就感觉这一轮约稿不妙，整体画面太静，给人感觉孩子们玩得并不开心，好像是爸爸妈妈拿着皮带，举着笤帚疙瘩逼着他们玩的。

她的感觉果然没错，这次的稿件别说提交给邮票发行部了，就是史主任那关都没过去。

后来她又陆续约了几次稿，有的勉勉强强被交到了邮票发行部，可是之后就石沉大海，没了回音。

今天这个电话就是终于等来的“回音”——稿子又被邮票发行部的陈龙给否了！

这下原本想着双管齐下的活儿，突然两头都没了着落，一切好像转个了圈又回到原点。

古诗有云，山重水复疑无路，柳暗花明又一村。转机的出现居然源自小温当时手上的有奖贺卡的选题。

那时死马当作活马医的小温几乎在给每个专家打电话的时候都会问一句，您了解儿童游戏吗？由于这句话，常常闹出不少尴尬的场面。

这回正好给专家打电话咨询有奖贺卡当中的一些鉴定问题，正事说完她又习惯性地问了一句“老师，您了解儿童游戏吗？”

“你们想找了解儿童游戏的专家呀？专门这个科目的可能没有，不过可以找研究民俗的专家了解看看。”电话里传来的声音此刻对小温来说简直是如沐春风，专家的回答给迷雾中的编辑部指了条路子。

小温当时就懊恼地一拍自己的脑袋！对呀，他们一直执着于找到与儿童有关或者和游戏、玩具有关的专家，反而是陷入了自己给自己限定的框架中，真是一语惊醒梦中人，儿童游戏和许多风情民俗一样是从民间生活中自发形成的，为什么就没想到找民俗专家呢！小温这头急急忙忙道了谢，那头也不敢偷着乐，一会儿就把这个信息转达给了史主任。

邮票中的民俗题材在邮票发行选题中占有一定的比重，许多即使不是民俗题材，其中涉及到的古代服饰、人物动作、时代背景等也需要民俗专家为邮票做纠错和鉴定，所以往常编辑联系的专家中一直就有几位民俗专家。

最后编辑部就找到了王作楫老师。

和王老师相识是在前两年发行《月圆中秋》邮票的时候，那时候在邮票印制局组织了一个专家论证会，其中一位专家临开会前突然来不了了，他就推荐了王作楫老师。

王老师是个奇人，他的脑子里肚子里装得全是大半辈子积攒下来的故事。据说，王老师的祖父是在清廷内当过太医的，他自己从小就在北京这片土地上走街串巷，做过小贩、壮工，当过司炉烧火工，教过书，养过猪，他的成长几乎见证了北京市翻天覆地的变迁，大概也正因为这个，你要问起他的故事，他能跟你说上三天三夜。

小温和王老师约好了上门请教的时间，在去王老师家的前一天，王老师特地打电话告知他家不太好找，进了胡同向里走看到一个铁门，整个小区就只有一栋六层小楼，那就是他家了。

小温心想，其实王老师大可不必担心，现在的导航都十分先进，只要告诉我楼号就能很轻松地找到定位了。

小温和发行部的小吕一踏入王老师家就有一种熟悉感——王老师的家和他们去过的大多数专家家里面一样，楼是上世纪80年代的老楼，屋里的墙纸已经泛黄脱落，屋子不大，有些杂物零零碎碎地散落在屋子的各个角落，但是大部分的空间被各种的书占领了。

屋子里摆着一个老式折叠餐桌，餐桌的后面是一个低矮的折叠沙发，沙发用一个蓝布单罩了起来。折叠桌后面的沙发好像和桌子并不匹配，小吕坐在那里一下变成了不用买票的小学生，对面的王老师看起来像是教孩子上课的家长。

寒暄完毕，小温就急着掏出准备好的儿童游戏内容，让王老师看看这些游戏是不是合适，这些游戏的背后有什么讲究，有没有更好的可以替换。

其实这中间还有个曲折，在大家看到的这第一组儿童游戏前，邮票初定的并不是这些游戏内容。

论证计划刚下的时候，“儿童游戏”还叫“儿童玩具”，枚数也只定了四枚，但在论证的过程中发现如果叫“儿童玩具”局限性太大了，许多耳熟能详的游戏比如跳山羊、躲迷藏就没有工具，于是最后还是决定选题朝着“儿童游戏”的方向论证。

王老师听了编辑介绍的前期情况后告诉编辑，每一个民间的游戏其实都是有一定历史来源的，比如这个扔沙包又称“拽包”“打纱布袋”等，最早起源于踢沙包，但是踢沙包只善于用脚，不能充分调动身体的各个部位，存在一定的弊端；后来有人看到庙会有一种游戏叫打金钱眼，我们何不用沙包去撞锣呢，然后就演变成了扔沙包。

再比如大家耳熟能详的游戏“荡秋千”，秋千翻过来读即为千秋，千秋万岁，象征长寿之意。它源于汉代宫廷一则美丽的爱情传说。

中国民间有正月十五观花灯习俗，汉代汉文帝时期，一个公主在观灯的时候看到了一个吹笛男青年，他的笛子吹得非常好，公主动情于悠扬的笛声，自此回宫之后，公主久久难忘吹笛的男青年；男青年也钦慕于公主，便开始在宫墙外吹笛子，但是公主只能在宫墙内听，难解相思之情，悲伤万分。有一次，公主坐在树杈上晃悠，灵感突现，能不能弄两根绳吊在树杈上？于是，秋千的雏形开始在宫里出现，公主坐在秋千上，一边听一边摇，慢慢地越摇越高，绳子逐渐地加长。就这样，她摇着摇着，突然有一天，秋千荡过了城墙，她终于看到了那个站在树下吹笛子的男子。

“想不到荡秋千居然起源于一个爱情故事，如果选定了这个内容，咱们的画面也可以表现一个小男孩和一个小女孩。”小温听了王老师的故事，啧啧称奇，一个再平常不过的儿童游戏，居然还有着这么多讲究。

“这就是我们需要了解历史、了解民俗的意义，很多事儿我们都只看到了今天它的表象，不理解它演变到今天其实背后有着我们祖先的智慧，这是很重要的，是我们自己的历史。就说你们提的这个踢毽子，它还和岳飞有关。传统的踢毽子形式是一边踢一边唱，手脚嘴并行。传说当年岳飞北征，金军恃城固守，避不出战。两军相持之际，秋尽冬来，岳飞与战士还穿着出征时的夏装，严寒难耐，又得恪守岳家军‘冻死不拆屋’的纪律，许多人把脚冻坏了。面对这样的困境，岳飞教战士们用箭尾雕翎栽于铜钱孔内绑牢，不停地蹦踢，产生热量，称为‘抛足之戏’，以至足上冻伤不治而愈。从此，踢毽子便成为岳家军的冬练项目，并逐渐流向民间。”这一说法后来在踢毽专著中也看到了相似记载，谓“创自岳武穆，用箭之翎，配以金石之质，抛足而戏，以释军闷”。

可见王老师记忆之强，学识之广。

王老师滔滔不绝地讲着，脑子里就像有着一个数据库，你说出一个游戏的名称，他就能快速地搜索出和这个游戏相关的故事。

小温心想，王老师简直就是小时候读的故事会，要是我爸妈有王老师这功力，小时候的那些故事书就都省了。

最后王老师所说的游戏故事，有些内容在这组邮票中出现了，有些可能会在下一组看到吧，具体还有些什么，那就只能期待下一组“儿童游戏”邮票见分晓了。

俗话说，话不能听一家之言。

邮票最讲究的就是“严谨”二字。

有了王老师的帮助，编辑部很快又联系上了另外一位民俗学家——刘魁立老师。如果说与王作楫老师交谈像是翻开一本故事会，

听故事

那么听刘魁立老师教导就更像研读民俗学专著，更有学术和科研的味道。

本来小温他们想去刘老师家向他请教，但刘老师说他家最近楼里改造，家里非常乱，需要在外面找一个地方谈，不过需要选一个离家近的地方或者是需要车来接他。

当时小温在网上搜索了一下，刘老师家周围比较近的一个地方就是离他家大概 200 ～ 300 米的麦当劳了，估计刘老师多少年都不吃了，那就选那里吧。

去刘老师家的前一天北京又下了一场雪。

第十七回

景绍宗机缘画邮票　温编辑北海找童年

小温和另一位编辑小何走到刘老师家楼下的时候已经接近约好的时间了。

都说雪后寒，在楼下等待的时间里，小温和小何一直在做着思想斗争：左边是个小卖部，是不是应该假装去买吃的然后赖在屋里不走；右边是传达室，是不是“厚颜无耻”去问个路，然后就聊会儿天取个暖？

就在他们思来想去犹豫不决时，刘老师终于出现了。

每次见到刘老师，小温内心就会奏起《英雄交响曲》之类的歌，因为刘老师那一头飘逸银发向后背梳着，发梢的部分还有些自来卷，像极了贝多芬。

刘老师看到他们俩打了个招呼就让编辑两人先走过去，他随后就到。

小何就纳起了闷，扯了扯小温的袖子：“诶，这刘老师是要去哪里呀？怎么还让咱们先过去？”

小温困惑地追着刘老师转过身去的背影，只见刘老师一瘸一瘸地走到了路边上，好像是要打车的意思。

小温恍然大悟，是刘老师的腿，之前曾无意间听他说过他的腿不好不能走太远的路，没想到二三百米的路对于刘老师来说也是长征了。

刘老师是怕他们花打车的钱故意先支开了小编辑。

小温赶忙拉着小何跑上前去，对刘老师说："刘老师，我们用滴滴打个车捎上您，现在随手可不好打车！"

小何一听也反应过来了，忙着帮腔："对啊，刘老师，我们也挺冷的，咱们一块打个车过去吧。"

刘老师也明白两个小姑娘的用意，不再推脱，打了辆出租车绕着小区楼后面转了一圈终于到了麦当劳，点了两杯咖啡开始坐下讨论选题。

刘老师的性格属于说干就干，一点不拖泥带水的。面对着带着十万个为什么来的"问题少女"，刘老师基本是有问必答。

"刘老师，这枚扔沙包的邮票到底该叫扔沙包还是丢沙包呀？"为了这个问题编辑部已经形成了两大阵营，好不容易能找到专家求证，小温立刻把问题抛了出来。

"你们别急，这个问题靠我的记忆不能作数，我打个电话确认一下。"他立刻拿起手机当下就打给了他认识的另一位专家。刘老师这个不把问题留到明天的性格正合小温的意，于是当下就确认了。

"这扔沙包其实有两种玩法，一种是三人玩法，两人隔距离站在两边，传递沙包，中间一人来回跑动躲闪，若被沙包击中，则游戏为输；一种是由多名儿童参加，游戏前将儿童分为两组或三组，每组人数相同，一组儿童站立中间，另外一组或两组儿童站立两边传接沙包，击打中间一组儿童。"刘老师继续介绍道。

"对，这两种我都玩过，人少就三个人玩，人多就组队玩。我们玩之前还要黑白配分队，经常一言不合就耍赖重选。"小何呼应道，这可都是她们的童年回忆。

“你们这些小女孩就是喜欢耍赖，我就从来不耍赖。”小温笑道。

“好像你就不是个小女孩，对，你是女汉子，哈哈哈！”小何虽然年纪比小温小，但是也学会了小温的“没大没小”。

刘老师不紧不慢地说：“给你们推荐一套书——《中国民间游戏总汇》，一些具体的玩法和故事在这套书里都写到了，当年我还参与了这套书的编辑。”

小温一听说有资料可查，忙问：“我们该去哪里买？”不了解的人可能觉得小温这问题提得很无用，其实，好多邮票涉及的专业类图书由于并不是大众消费类型的书籍，出版了几十年也没有再版，在普通的购书网站和渠道上早就买不到了。

刘老师又是说动就动，立刻拿起手机给出版社打电话确认，真是雷厉风行的老头子。

小温也按着刘老师提供的途径，立刻打开手机淘宝一查，嗬，1680 元一套，打完折也要 1226.40 元！想不到居然这么贵。小温和小何对视了一眼，她们心里想的都是一个问题：回到局里该怎么给史主任“灌迷汤”才能让他给买了呢？

在确定邮票内容的同时，武马带着小吕也在寻找着设计者的人选。他们选了几个候选设计师的稿子带给陈龙看，陈龙都没看上眼。主要是陈龙心里总惦记着早年间万维生画的儿童风格，希望这套票能追上那种纯真、简单的感觉。

武马他们都明白，陈龙其实是看上了这个好选题，想让这套邮票成为全年的精品票之一，既然要做精品，要求自然就要高。可是中国画家这么多，没有人推荐的话，要到哪里去寻找这最合适的人选呢？

这件事的曙光还是《拜年》邮票的编辑阿甘带来的。

阿甘的女儿刚上中班，已经和现在多数的孩子一样上起了各种兴趣班。

一个周末阿甘当起了称职老爸，带着女儿去上少年宫，正好遇上了少年宫组织的绘画讲座活动。

来为孩子们做讲演的是新版小学语文课本插画的作者景绍宗。

阿甘一看景老师带来的作品都和儿童形象有关，既有他们那个年代儿童形象的活泼纯真，又有今天这个时代的丰富色彩。最巧的是，他展示的作品中还有一幅画着孩子跳方格的内容。

阿甘想起这阵子一直听到小温在办公室里嚷着找不着合适的“儿童游戏”邮票设计者，这不就是一个送上门的好人选吗？

好在阿甘有着多年做编辑的敏感性，连忙找了个机会“搭讪”景老师，向人家介绍了一下自己的工作，还互相留了个微信方便后续的联络。

发行部的小吕拿到景老师的联系方式时已经快要下班了，由于时间紧迫，他也不敢耽搁，赶快给景老师打了电话说明来意。

只是没想到，小吕还是高兴得太早了，景绍宗在电话中居然委婉地推掉了这次约稿。

进入 12 月的最后一个礼拜，已经是北京的深冬。北京东区的一个居民小区外往来走过的只有转着核桃提溜着鸟笼子的大爷和推着婴儿车的年轻妈妈。

工作日的工作时间里，这样的小区里多数时间都是静谧的，只见一辆“大众”停在小区门外，从司机位上下来了一位身高约一米八，头戴鸭舌帽的男子。

先抵达小区的小温和小吕，看到男子从车上下来，连忙快步走去和他打招呼：“史主任，早啊！”

“你们都到了？看来还是坐地铁快啊，我这一路过来堵得不行。”史主任抬手看看手表，最后一个到，有些不好意思。

来的这三人正是发行部的小吕和编辑部的史主任、小温。

原来景绍宗在电话里婉拒了《儿童游戏》的约稿后，思来想去，邮票编辑部都觉得不能轻易放弃这个机会，今天他们是要正式登门拜访景绍宗，亲自劝说景绍宗参与邮票设计。

史主任个高腿长，一步顶两步走在了最前头，苦得小温只得三步并作两步地小跑着跟在他们后面。

几个人都是第一次见到景绍宗老师，没有想到眼前这个戴着眼镜文质彬彬的年轻人就是他们这次走访的主人公，看来他比他们想象的都要年轻一些。

景绍宗的工作室一点也不像往常他们拜访的艺术家工作室那样气氛肃穆，而是这里一簇小草，那里一只恐龙，充满了童趣和奇幻的色彩，和他们所见的景绍宗的儿童画还真是有着相辅相成的气质。

他们都有一种感觉，这回，真的找对人了！

景绍宗并不是个邮迷，对于邮票也没有太多的关注，他性格温温和和，说起话来也是不紧不慢，可小吕是碰过钉子的人，心里明白，事情不能只看表面，景老师这样的性格反而可能很难动摇。

果然，景绍宗一听说他们要将约稿时间定在春节后，就表示他 11 月到年前要做一个央视动画的项目，没有时间参与设计，唯一有点空闲的时间还是在年后，可是那个时候已经要收稿了，怎么也不能再接这个活儿了。

又碰了个软钉子，小吕和小温都要急出一身汗了。

难道这回拜访又是竹篮打水一场空？到头来还是空欢喜一场？

还是“老设计”史主任沉住了气，从包里拿出了准备好的几本年册，

童趣画室

对景绍宗说："景老师可能不太了解邮票，我先跟您介绍介绍，这是咱们去年发行所有纪特邮票的年册，您看看，这枚是黄永玉老师设计的生肖邮票，这枚是吴冠英老师设计的拜年邮票，还有这枚是许仁龙老师设计的长城邮票。这些可都是邮迷们如数家珍的宝贝呀！"

"诶，我看看，嗯，这个邮票不容易呀，小小的画面表现了长城这么细密的细节，这得下工夫。"景绍宗看到花花绿绿的邮票来了兴趣，仔细地看着手中小小的艺术品，"这就是生肖邮票，生肖邮票我还是有所耳闻的。"

史主任看景老师"上钩"了，忙着趁热打铁："对呀，您看，今年大家都说我们邮政神预测，在开放二胎政策之前就在画面上表现了二胎。当然，其实这也是黄老爷子的灵光乍现，谁知道咱们这图稿公布没多久，国家就出台了新政。所以呀，这枚猴票的影响力也特别大。"

"邮票确实是方寸艺术，充分利用这小小的空间表现精致的艺术作品，没有两把刷子还真不行。"小吕见到景老师的表情有所松动，也使出了"激将法"。

"那确实是，所以也需要足够的时间来雕琢呀，赶时间可出不来好效果。"景绍宗打了一个太极又把问题丢给了邮政人，说到底，景老师犹豫的还是时间问题。

"那是那是，质量也是我们的第一要求。景老师您看，这枚生肖猴票和这枚拜年邮票相比有什么特别的？"史主任绕开了景绍宗的问题，却问了一个似乎"八竿子打不着"的问题。

"好像……好像比较立体，你们靠近看连猴毛都能看清。"

"景老师果然是专业人士，这个呀是因为生肖猴票使用了雕刻印刷技术，这雕刻印刷需要在原来画稿的基础上由专业人士重新进行雕刻布线，然后才能使用专门的胶雕机进行印制，出来的效果比普通印刷多了立体感，而且还具有防伪功能。因为一般的伪造者是不会花这个成本去做雕刻的，根本就没有经济效益。”史主任得意地举着手中的年册，这番话他翻来覆去说了八百次，只要是遇到对邮票不了解的朋友，他都要给人家说一遍，这磨叽劲简直有点祥林嫂的意思。

“咱们这次的儿童游戏也想要使用雕刻这种工艺，之所以收稿定在了春节后，主要是为了后面给雕刻和印刷留时间。”史主任终于吐露了他的真实意图，并不是他们想缩短设计时间，但是为了做到设计和印制的平衡，就必须为后面的雕刻工艺留出时间。

“景老师，其实也不需要您完全从零开始创作，我们早就做好了功课，已经把邮票画面想要表现的内容确定了。”小温也机灵地跟上“劝说”大部队，“而且我们看了您好多的画册，发现很多内容其实就是我们邮票想要的，比如您就画过小朋友跳房子的画面，正好就是这次我们邮票其中一枚的内容。”

光说还不够，小温将早就准备好的资料也给摊了出来。

史主任心里给小温点了个赞，这个小丫头毕竟在编辑部工作了 6 年，现在也是能独当一面的资深编辑了。

他们三人左一言右一语轮番地给景老师下“迷魂汤”，景绍宗也不言语，将手中的资料和邮票翻来覆去地看。

小温感觉此刻景绍宗手中翻看的不是邮票年册，而是自己焦灼的心。小温想到她最爱的《大话西游》里紫霞仙子飞进至尊宝心脏的画面，觉得自己此刻就能感受到那颗红扑扑的心脏怦怦地跳动着，等待着那个她希望出现的结果。

景绍宗终于放下手中的邮票，打破了沉默：“那我先设计一幅试试，要是不行，你们可以早点换人。”

成了！邮票发行团队的三人，不约而同地看了彼此一眼。

其实这对邮政人来说是最好不过的方式了，邮票的时限就是指挥棒，如果出来的效果不好，当然是及时止损最符合经济原则。不过他们这次是有备而来的，早就已经研究过景绍宗的绘画风格和过去的作品，他们相信，此行只会成功，不会失败。

一个月后，景绍宗交来的第一幅图稿被送到了陈龙手中，陈龙当下就从他的大皮转椅上站了起来，说：“这就是找对设计师和没找对设计师的区别。”

对小温来说，工作的重头戏至此算是告一段落了，当然革命尚未成功，同志仍须努力，在“儿童游戏”的版式二里作者设计了一幅“蓝天绿柳鸭子戏水”的背景画面。

一看到这幅画，小温就一口咬定，这一定是北海公园。

可是编辑部的同事都说，设计师画的时候可没说这是北海公园，这样的公园有的是。

小温一跺脚，不服道：“鸭子船到处都有，但是上面的白塔一看就是北海公园好嘛！”

看到汉白玉栏杆、鸭子船、杨柳，自然而然让小温这个北京姑娘想起了《让我们荡起双桨》这首从爸妈的年代一直传唱到今天的儿歌。

想到这首歌就会想起小时候每逢双休日，爸妈就会带她到北海公园里玩，夏天踩鸭子，冬天就滑冰，如果是逢年过节他们还会在仿膳吃上一顿，吃完这一顿就盼着下一个年节的到来。

她就是这样牵着父母的手走过了童年的岁月。

大了以后，北京就成了大家口中的国际化大都市，越来越多的高楼大厦拔地而起，她和她的那些朋友会去三里屯逛街，会去世贸天阶跨年，那些大的小的假期她和家人们会飞到国外去度过，好像记忆里的北海公园已经显得过于平淡而无趣。只是知道，它一直在那里，也时常路过，却总也不会专程地进去瞧一眼。

为了找到景绍宗画图的原始角度，小温带着重温童年的心情踏上了去北海公园的行程。

坐着六号线到了北海公园的后门，进门发现这是白塔的背面，沿着公园的西侧一路向南门走去，走到南二门的出口也没看到和版式上面一样的画面。

为了不再绕原路返回，只能从南二门出去再买票进南一门了。

在永安桥的周围转了两圈，小温终于在最左边聚集着垃圾车以及跳广场舞大爷大妈的地方发现了邮票版式画面中的景色——绿柳掩映着远处的白塔，也是小温记忆中的画面。

之后为了把童年的记忆都补全，小温还去了换了地点的仿膳。菜虽然还是以前的菜，换了地方总感觉就是不对了。

回去的路上坐着 103 路电车，和小时候来来回回一样的线路。

小温想，我们总在回忆和留恋当年，所以我们会去翻以前的相片、日记，建一个又一个的群，组织一个又一个的聚会。

我们总是很想把现在变得像以前，但是真的找到了以前的人，去到了以前的地方，却又觉得还是记忆里的“从前”更加美好。

《儿童游戏》的邮票大概不会让所有人都满意，因为每个人心里都有一个自己的童年，都有自己笃定地认为那就是属于自己那个时代的游戏，就像一百个读者有一百个哈姆雷特。可是这也是我们试图去还原一个时代的记忆，记录一个时代的事件的意义吧，当每一个群体从自己的角度去叙述一个时代的时候，时代的群像也就勾画出了这个时代更加确切的画面。

寻找童年的感觉

第十八回

工艺专家齐聚印厂 雕刻布线优中选优

话分两头。雕刻布线的任务布置下去了，小吕这边也有了短暂的喘息时间。虽说是喘息，他的心却是一点都放不下，时不常地在微信群里问一句："各位的雕刻布线进展的怎么样啦？"

群里只是闪现了几个泪流满面的小人儿图像。

他不放心，又打电话给尹虎："尹虎老师，那几位雕刻师这几天可有什么动静？"

那边的尹虎摇摇头，说道："没有，他们都是各忙各的，看来都在思考。"

小吕听后，想了会，刚想说话，那边的尹虎说道："小吕，这个时候最好不要打扰他们，更不能催促。"

这重要的机会，大家都极为珍惜，哪里敢耽误！

这时，尹虎继续说道："我断定无事，有三点原因，第一点，大家需要时间对作品进行消化。"

小吕听了，不禁点点头，确实如此，这消化作品确实需要时日，要不为什么给大家 20 天的时间完成"作业"！

尹虎又说道："第二点，只要大家理解了作品，确定了狗毛的走向，这布线就用不了多长时间了！"

小吕又赞同地点点头，确实有理。

尹虎接着说道："第三点，这些雕刻师比咱们还重视布线，这生肖邮票的影响力，这周令钊先生的影响力他们能不清楚吗？"

说完，尹虎道："如此，我断言，大家一定极为重视布线竞争。"

小吕，是一个不折不扣的美术专业人士，说他专业是因为他十几年前毕业于清华美院，还留校当了一段时间的老师。后来才来到邮票发行部工作，专门负责图稿的质量。

不过前两年他曾经到湖南邮政交流工作一年，在湖南邮政负责邮品设计，回来后陈龙让他全权负责邮票图稿的把关，把武马调到印制处主持工作。

陈龙对他很放得开，说："图稿的思想内涵我来把握，艺术内涵你把握，涉及艺术上的事情你做主，当然，如果咱俩有争议，你要听我的。"

很快，小吕对艺术把关进入了角色，开玩笑，那几年清华美院的科班学习不是白念的！

不久前，退休的父母到北京来看他，小吕就迫不及待地想把自己负责邮票图稿的消息告诉他们，想要和他们一起分享自己的喜悦。

他把父母让进屋里，高兴地说道："爸、妈，儿子现在负责邮票图稿了，这可是重要的岗位啊！"

父母听了，不由得在心里想着这是个什么岗位，好像不带什么"长"呀！管它呢，见儿子这么高兴，这定是个好差事。

所以父母也为儿子高兴，拍了拍他的肩膀，说："好好干，别掉以轻心！"听过父母的话，小吕感觉特别温暖和踏实。

小吕才不敢对布线工作掉以轻心，毕竟这是他分管邮票图稿工作后的第一套生肖邮票。

是啊，这时间过了一半，今年的雕刻布线不比去年的简单！他曾对比过这套生肖邮票与上两套生肖邮票的难度差别。猴票布线的难度在于，第一次大家都还吃不准方向和手法，所以差别很大，有些雕刻师还没有摸准脉象；第二套鸡票布线难度在于用线条表现出水墨晕染和层次；这第三套狗票布线的难度并不比前两套小，首先它有水墨层次，其次，狗身上的毛怎么走向，这次雕刻师们都知道要按照狗身上的毛发来布线，但是谁能更有特点、更符合结构，说白了就是谁的布线能让狗“活”起来，谁就会脱颖而出。

所以这个时候就是考验雕刻师对线和图稿的理解了。

夏日的午后，太阳失去了春天的那份温柔，火辣辣地照射着大地，它晒红了行人的脸，晒得树木不愿有丝毫地摆动，晒得小狗吐出了舌头趴在树阴下乘凉，晒得树上的知了也热得不吭声了。

尹虎坐在办公室里，这几天印制局的空调坏了，电风扇发出“呜呜”的声音，抗议着炎热的天气和自己超强的工作负荷。

尹虎吹着电风扇还觉得不过瘾，正要起身从冰箱里拿瓶冰水，电话响了起来：“尹老师，您好，我想请你帮忙看看我的布线，请帮我指导一下呗。”

要是平时，尹虎一定会很热心地品评一番，告诉雕刻师们哪里再动动，哪处再改改，他常说：“雕刻线条也是有情感的，灵动的线条会说话。”

可是，这次尹虎无奈地摇摇头。

按说身为副总设计师，雕刻师们有困惑向他请教，或者说大家在一起切磋一下，交流交流心得，这不正切合他的职业吗？这不是件责无旁贷的事吗？

不过，此时的尹虎头脑还是清醒的，他委婉地谢绝了雕刻师的请求。规则在先，如果他指导了谁就会有失公允了，这是底线，不能逾越。

“尹虎老师，有些地方线条的走向确实搞不明白，不知道横着走好，还是竖着走好？”一个雕刻师在电话里不耐烦地说道。

“你问我也没用，这都要凭个人的理解。”为了避嫌，他只能这样回道。

“真是烦人，天天就这样想啊想，还是不得要领！”

“你想一想当初马丁老师是怎么教你们的，也许就有了要领。”

“我的情况比较特殊，同其他几位雕刻老师不一样，我绘画的基础不扎实，因此这线条就不好把握。”

尹虎听后也是无奈，雕刻工艺的功夫还真要依托绘画的功夫，如果绘画功夫不到家，就难以理解作品。于是说道：“那你只能把这次布线当作一次练兵了，不行就凭感觉呗！”

对方尴尬地笑了笑，说道：“只能凭感觉了。”

尹虎也笑了笑，说道：“这就对了，不过感觉和感觉也是有区别的，我们需要的可是艺术感觉，这不是人人具备的！”

说完，尹虎看这电话里说了半个小时了，于是说道：“好了，你赶紧找感觉吧。”

不只是尹虎，未洋也躲着雕刻师们的目光。常常有雕刻师眼睛闪烁着星星，充满期待地问她：“未洋，你说会不会天上掉馅饼，突然宣布要延期几天？”

未洋一脸问号，不解风情地直接回答道：“这是绝对不可能的，交你个实底，一定会要求按时交稿的。”此时，坐在未洋旁边的同事仿佛都听到了雕刻师们心碎的声音。

雕刻师群体里有位女孩叫珊珊，是清华美院毕业的高材生。她性格活泼热辣，是个山东妹子。

这雕刻布线是枯燥的，也是乏味的，每天重复着做一件事情，每件事情做个几百遍上千遍，这又怎能让人提得起精神。

每当活干累了，她就挨个办公室溜达，一边放松精神，一边叼着零食，权当充电了。

看到许多的雕刻师露出了烦躁，厌倦的神情，她就想调节一下气氛。她的嗓门很大，底气也足：“哎呀，各位还忙着呢？”

于是乎四周哗然，同事难免瞪大双眼打趣她：“我说珊珊，看你这么轻松，是不是胸有成竹了？”

“我？差不多了，不过我已经不在乎结果了，前两次我都尽力了，可是就差那么一点点，所以这次我也不想那么多了！”

大家难免再次瞪大双眼调侃地说道：“你不想那么多，我们就多一份希望了！”

她大声回应着：“你们都比我的希望大”，还自称自己是“千年老二”，然后就是一阵哈哈大笑。

千年老二，这是什么概念，鬼都知道去年就是前两名入选的。

而后她又对所有人大声说道：“我知道你们厌倦了，厌倦了就出去走走，换换环境，也许就会有了灵感。我现在就去附近的万寿公园转转，再不转转可能就憋死了！”

望着珊珊远去的背影，想到自己一个图的布线还没完成，有几个雕刻师无不黯然神伤，又急又妒。

就在珊珊同大家交谈的时候，未洋也在一旁观看，心中不由得感慨，没想到这个女孩，知道劳逸结合，更知道找灵感，这可不得了啊！

而更多的雕刻师则把布线竞争看作人生的一次挑战，从他们身上散发出的气息是那样的自信，他们正在经历着蜕变，他们正在向着成功一步一步地迈进，他们在为这个目标努力着！

短暂的 20 天转瞬即逝，但是对于雕刻师来说，却像经历了一场高考似的。

交卷的时刻终究还是会来的。

6 月 12 日中午 12 点前，雕刻师陆陆续续来到印制局十楼会议室。

第一个交稿的是去年中选的欧姐，她是现有雕刻师中资历最老、经验最丰富的老大姐。虽然很少说话，但是总有种威严在，所以年轻的雕刻师们也很尊重她。

“未洋，评选结果什么时候能出来？”欧姐关心道。

“欧姐，这还真说不好，但是按照前两年的经验，这周肯定就会出结果的。”

“好的，有了结果告诉我们一声，谢谢了。”欧姐冲未洋微微一笑，转身离开。

未洋认真地检查着每个人交来的资料。今年她特地做了一张清单，需要交什么、多大、几份、光盘上不写名字等细节一应俱全。为了评审的公平性，只能在交来的考卷上去掉个性化信息。这也是生肖设计团队一贯要求的——公平性。

终于收齐了整整十套稿子，未洋刚伸了个懒腰准备汇报。尹虎的电话就打了进来，“12 点 10 分，尹虎老师能掐会算？”未洋心里嘀咕了一声，赶紧接起电话。

“尹老师，您好。稿子收齐了。”

“好，情况怎么样？”

“还可以，猛一看，大家想法都差不多，都是按照狗毛的走势来的，不过也有人是直线条。基本上两种风格。”

“比去年呢？”尹虎追问道，他知道，整个设计团队都很关心这个问题。

“比去年……”未洋支吾道，“好像得专家们来评判！”

“这样啊，今年的稿子确实有难度。好吧，评审的时候再说。”未洋刚要放下电话，只听那边尹虎的声音继续道，“未洋，小吕传达了陈龙的意见，想明天下午组织专家评审。我一会儿把名单给你。你开始做准备吧。”

此时的小吕，在办公室里，如坐针毡。他抬头看了一眼挂在墙上的时钟，12 点 10 分，按照安排，应该已经收齐稿子了。但是尹虎和未洋却没有给他带来一点消息。

“是不理想？或许，还没收齐，不着急，再等等看。”陈龙自言自语道。

平时这个时间，他已经去食堂吃饭了，今天，不等到消息，这饭是怎么都吃不踏实了。

小吕显然有点烦躁，不停地在办公室里踱步，还时不时抬眼看表。“嘀嗒嘀嗒”的声音好像有种魔力，把时间拉得更加漫长。

电话冷不丁地响了起来，在寂静的楼道里显得格外洪亮。铃声像一个闹钟，把小吕从烦乱的思绪里拉了回来。

“小吕，请转告陈龙，稿子都收齐了。”电话那边是尹虎。

“好，情况怎么样？”小吕省了拐弯抹角的寒暄，直接问尹虎。

“唔……稿子我还没看，刚才给未洋打了一个电话。据未洋说分成两种风格，每个方案都没有特别出格的，均在意料之中。明天评审会的时候，咱们就知道了。”

“好的，陈龙嘱咐，所有参会人员都不能问未洋谁是哪个方案，一定要做到盲评。只有未洋知道！”小吕又跟尹虎强调了一遍纪律。

“放心吧，这姑娘嘴巴严着呢，最会跟我打哈哈，我也知道咱们的纪律。今年直接就不问。我已经通知她，明天下午专家评审。她应该已经去准备了。”

小吕点了点头，虽然电话另一端的尹虎看不到。

“未洋，怎么样了？”下午3点多的时候，陈龙给未洋发了条信息：“时间比较紧张，后天我有一天的会，只能明天下午了。辛苦你了，能完成吗？”

“正在做版式，领导。一会儿就送去制版出片了。放心吧……”光标一直在闪，未洋却在犹豫到底要不要打那句话？最后还是咬了咬牙：算了，让陈龙放心，就算是今天加班晚了也得保证明天评审会顺利召开。

“没问题的。”未洋把这几个字发了出去，一边心里默念：“阿弥陀佛，可别出什么幺蛾子，我可把大牛都吹出去了。”

说着，未洋拨通了制版主任的电话。

“未洋，抱歉，早上你给我打了电话以后，我就去开会了。刚才才知道，出片的机器坏了，出不了透明片了。”

“啥？主任，您可别吓我，那啥时候能修好，下午？晚上？最晚明天早上我得拿到啊，下午就开会了。”未洋好像被敲了一棍子，眼前都黑了。

“对不起，未洋，技师明天上午才能来，最早最早，下午能修好。”高主任面带遗憾。

“主任，还有别的办法吗？咱们有没有合作单位能出片的，请您帮我想想办法呀。”未洋快急哭了，大话刚说出去，微信还热乎着，这个时候跟陈龙说不行，那是啪啪打自己的脸。这还是次要的，更重要的，明天下午的会怎么办？专家都通知到了。会议室也订好了。改后天，陈龙好像有个会。

“未洋，真没有办法啦，要不我给你出数码样，一会儿就出来了。”高主任帮未洋想了一个办法。

“估计不成，咱们专家评审阶段，都是出片，况且这次我们还想模拟最终印刷，底下垫颜色，让专家看到雕刻线和胶印结合的效果呢，数码样是出不了这个效果的。”未洋听起来就已经垂头丧气的。

放下电话，未洋没敢耽误赶紧和小吕沟通了，小吕去找陈龙，未洋等待消息。

“我就知道，每次一打‘没问题’几个字，就一定会有问题，以后不能再盲目乐观了。”未洋自言自语道，她都能想象，陈龙知道这个消息的无奈。

“未洋啊，会议推迟一天，到周三下午 3 点召开，你通知一下专家吧。同时也别着急了，准备充分些。”很快，小吕带来了推迟会议的消息。

周三下午，一切准备就绪，未洋和早早就到了的小吕又检查了一遍稿子。

一共七位专家，都是印刷界的“大咖”，特别是张工，从四轮猴票开始全程盯着印刷环节，修机器、看样，无所不能，无所不专。

董处，老印刷专家，刚从邮票发行部退休没多久，对印刷更研究得深透，一辈子跟印刷工艺打交道。

尹虎，更不用说，印制局的副总设计师，负责艺术把关。

“未洋，在哪儿开会？”一个熟悉的女士声音响起。还未见其人先闻其声。

未洋快步迎了出去。

“韩处！”未洋几乎是扑向了这位女士，却被她轻身一闪，未洋差点扑了个空。

只见这位女士，齐耳短发，有层次又利落，白色的职业套装，修身端庄。虽然已经是过了五旬的年纪，身材却保持得很好，看上去干净利索，精致神气。

她就是邮票发行部印制处刚退休没几年的韩大姐。

把韩大姐迎进会议室，未洋的电话又响了起来。没多久，就请进来一位头发稀疏，眼镜挂在鼻梁上的中年男士。这位不需多介绍，就是印钞造币总公司的老孔，一位有着大格局又热心肠的资深印钞雕刻师。

见大家都是熟人，互相寒暄了几句，几位专家就开始议论今天的评审会。

“老董，你见到图稿了吗？”韩大姐首先发话。

“没呀，我也没见着，正好奇着，不知道今年的图啥样？”老董从包里取出老花镜。

“老孔，你见着了吗？”

老孔微笑着摇摇头。

韩大姐继续扫视屋里的其他专家，最后眼光落在尹虎身上。

“尹虎，你别躲，你见着了吧？什么样啊？”

“我只能说，今年的雕刻布线，有难度。”尹虎眯起眼睛笑着道。

“难度每年都有，年年不同，但是我觉得这批年轻雕刻师经历过这些事成长得肯定不慢。”老董语速缓慢，不急不慌。也确实，大家在这些雕刻师的身上看到了进步。

“邮政的机会很好，我们印钞造币总公司的年轻雕刻师们就很羡慕他们有这么多、这么好的机会，能不断地锤炼自己。在我们那儿能雕刻人民币是很难得的任务。”孔主任与邮政合作多年，现在很多印钞造币雕刻师的作品也上了邮票，国家“唯二”的两支雕刻队伍也经常在邮票上“论剑”，互相切磋，互相学习。

小吕和未洋陆续将专家都接到了会议室。未洋看了小吕一眼，示意专家都到齐了。

小吕赶紧道：“各位专家，陈龙那边的会刚刚结束，已经往这边赶了，请大家先看图稿，进行投票，希望大家按照自己喜欢的评判，我们会给大家发一张选票，无记名投票。在十个方案里面选择三个，您觉得最好的填‘一’依次递减。”

小吕说完，示意未洋可以给专家发图稿了。

未洋给每位专家两个纸袋以及一张选票、一支铅笔。请专家先看图稿。

几位专家呈一字坐在会议桌的一边，郑重地取出稿子，用放大镜认真地看着稿子上的细节，就像是在批改高考试卷。

会议室里安静极了，偶尔有未洋给每位专家拍照时的“咔咔声”。

一倍稿将十个方案放在一张片子上，每个方案的优劣更为明显。时间一点一点过去，评委们翻来覆去地比较。有的评委在原稿和雕刻线之间来回切换，研究雕刻线的细节与原稿的增益关系。

在专家们认真评选的同时，陈龙悄悄地走进了会议室，小吕和未洋起身刚要打招呼，陈龙将食指抵在嘴上示意不要出声，以免打扰了专家的思绪。

随着陈龙进来的还有印制局的掌事——马局长。

陈龙静静地坐在专家的对面。

过了许久，专家们从专注的评审中回神，郑重地决定了投票的方案。

最先抬起头的韩大姐发现了陈龙。

“陈龙！好久不见了！你来了。”仍然是干净利索的声音。

“韩处，你好！真是好久没见！”陈龙微笑里带着点温暖。韩大姐是陈龙的老部下，退休时，陈龙也曾唏嘘少了一员大将。顺着韩大姐的一声，专家们才意识到，陈龙和马局长不知何时来了。

“各位专家好，对不起我迟到了。下午有个会，刚开完就往这边赶了。怎么样，今年的稿子，各位觉得好选择吗？”

马局长也随着向大家一欠身。

“马局长，您的座位在专家席，我们还给您留了一张选票呢。”小吕见马局长踟蹰不定，打趣道。

“嚯！还有选票呢！那陈龙呢？陈龙怎么没有？”马局长终于看到在专家那一排里自己的名字。

“哈哈，我和马局长不同，人家是印刷学院毕业的，懂得印刷工艺。我就不同了，外行一个。因此，我不参与投票，我给自己定的，不懂雕刻的不能参与。”陈龙自嘲道。

马局长快速地浏览了几个方案，他没有其他专家的反复，仿佛是一眼就选定了自己喜欢的。

见各位专家正在做选择，小吕开始了开场白：“各位专家下午好，今天我们把邮票、钞票印制界的顶级专家都请到了这里。从 5 月 23 日雕刻竞争开始到今天，20 几天一瞬而过。我们这边呢，可以说是翘首以盼，期望得到精彩的稿子。雕刻师们也像是经历了一场高考一样，非常认真地对待这次任务。我们建了一个微信群，年轻的雕刻师们每天在群里交流，能看出来大家是非常认真的，也拿出了真实的水平。今天我们准备的稿子非常齐全。有一倍稿和五倍稿。您要是想对比十个稿子，我们也准备了，并且底下衬了胶印部分。让每位专家能够看到雕刻和胶印结合的效果。同时，您要是想看原稿，我们也有准备。刚刚我们也向专家介绍了，在十个方案中选出三个。最终由邮票设计者来确定。下面请陈龙跟大家说一下评选的要求。大家根据这个要求再考虑自己的选择。”

“好，首先感谢大家等我到这么晚。这个会也是临时定的，昨晚才通知大家，所以很抱歉。首先感谢孔主任，虽然不在我们集邮行业工作，但是对我们邮票很支持，这么热的天气也赶来了，令人感动。董处和韩处，虽然咱们是一家，但是退休以后本应该颐养天年了，现在大热的天还跑来帮我评判生肖图稿。不过大家的想法是一致的，毕竟生肖邮票是中国邮票发行的重头戏，我们也是重点打造，也想把生肖邮票做成精品。”

陈龙顿了顿，看到有专家一直看原稿，于是继续说道：“这次我们请的邮票设计者，是周令钊老师。不是绘画界的人或许很少听到这个名字。”

“周令钊……我记得应该是1982年狗票的设计者吧？还有《中国历代名楼》邮票，也是周老师的作品。”老董毕竟在集邮圈时间久了，说什么他都知道。

“对！可咱们都知道他设计的邮票，却不知道他还有更多作品就在身边。比如说，1949年10月1日中华人民共和国开国大典挂在天安门城楼上的毛主席油画像是他画的。大会堂满天星的穹顶是他提出的设计创意。国徽也是这位老先生参与设计的。还有我们第二、三、四套人民币票面整体设计也是由这位老先生担任的。其中第二套，从票面整体设计到图案、主图设计与绘制大部分是他完成的。”陈龙悉数周老师的作品，“因为他不搞商业活动，所以只在圈里大家了解他。”

“对！这位老先生在印钞界也是很有名望的。”孔主任接道。

“由此看来，大家还真是能说到一起去。”陈龙顿时觉得，印钞界和邮票界的联系越来越紧密了。

认真对待每一份考卷

“今天请大家来评审，想先说说我心中的标准。事先声明，由于我不懂雕刻工艺，仅供大家参考。第一，这套邮票是以绘画为主，雕刻为辅，雕刻是为了更能体现出画的艺术感染力；第二，今天也请了几位印刷工艺上的专家来，像张工。就是想看看哪个雕刻的效果适合于批量印制生产，能有效防止滋墨现象。批量生产的时候操作性很差，这个问题前两年也出现了，而且耽误了生产的稳定；第三呢，就是选出来的方案，既有艺术性，同时也适合批量生产。但是，有些线条不够完美，也请在座各位提出修改建议，我们再请雕刻师去修改。当然我们要的是绝对的公平、公正。同时，为了开机有个好的宣传效果，也请各位专家帮忙保密。选出来的三个方案，我们会请周令钊老先生去决定哪个更好。”陈龙一口气说了三个要求，专家们点头，表示赞成！

“谢谢大家！请大家开始填写选票吧。”最后陈龙不忘把自己的感谢带给在座的专家。

专家们听后纷纷回到自己的案头。又过了十几分钟，他们陆续将选票填好，交给了未洋。

这边，小吕和未洋紧张地统计着选票。

专家的意见很集中。特别是最中意的方案，几乎没有什么悬念，也没有二次 PK。

小吕将选出的方案递给陈龙。

陈龙认真地看着每个方案。

“请大家说一下各自的想法，以及需要雕刻师修改的地方。”陈龙心想，这次选票这么集中，必定是布线有一定的差别。

“我先说。”尹虎第一个发言，“我觉得这个方案特别好。”尹虎举着一个方案示意给大家看。

“整体感觉，相对来说比较好，比较贴近原稿，而且轮廓线明显。

不足之处就是小狗和原稿比颜色灰了些，虽然大狗和小狗拉开了层次，但是小狗还应该再黑一些。我觉得只是不足之处需要修改。”尹虎三言两语把自己的想法说了出来。

“孔主任，请您也说说想法？”小吕看着孔主任。

“唔……好！我说一下，刚才投票之前我个人也仔仔细细看了这十个方案。在布线上，首先需要弄清一个问题，这个狗是什么品种，布线的时候会考虑到这个毛。刚才我问了一下，这个狗是基于中国的土狗，所以，在投票时我就优先考虑了短线。我们年轻雕刻师有些方案在布线的时候没有注意到一个信息，就是周老先生在画的时候就给我们提供了一个密码。就是亮处这几条线，概括了毛的走向，看似很简单几笔。所以有的雕刻师就没有抓住这个信息，都是从黑白灰来考虑，有的甚至是长直线。这是画家要表达的，但是没有跟这个信息吻合上。第一图，我和尹虎考虑的一样。但是耳朵太生硬了，另一个方案的耳朵反而有毛、有肉。第二图，我没有特别满意的方案，主要问题就出在小狗上。我想象的这只小狗应该是很可爱的，就像尹虎刚刚说的，是传神的。它的爸爸妈妈是短毛狗，它就一定也是短毛的。所以第二图，我跟大家选的不一样。面对一幅画，我觉得雕刻师应该有思想在里面，通过雕刻线条让大家看到图稿更提神了，每根线要发挥出作用。”孔主任是一位学者，对雕刻线条也有经验，有想法。

未洋特别佩服孔主任说的这一番话。觉得还没听够，果然，孔主任想了想，接着说道：“周令钊老先生在画这些线条的时候，看似简单、随意，其实并不简单。这是老先生的一个特点。雕刻师们要是捕捉不到那就错过了。画面中的轻松和紧张，传达了作者想要表现的信息。比如说尾巴，尾巴是轻松的、摇动的，所以他用了很多断线来表达这样一种感觉。我就说这些。”

“我补充几句。”老董接过了话尾。“我觉得第二图的小狗问题是比较突出的，在我看来，小狗应该比大狗要重，不管颜色怎么样，他在大狗前面，所以要更突出一些。大狗和小狗的关系要考虑，孔主任的说法我很赞同。陈龙说的第二个要求，我觉得艺术的方案定了以后，在细节上去提要求，避免上两套生肖邮票出现的问题。”

“我刚才评选的时候注重的是原大，因为邮票最后是这样尺寸的。我也选的这两个方案最优，但是就是觉得这个方案的边缘太刻板，不够放松。”韩大姐毕竟做了很多年印刷工作，经验丰富。

其他的专家也都说了自己的看法，基本上也都落点在小狗身上。大家你一言我一语提了很多修改的意见。

小吕俯首轻声问陈龙：“您要不要说几句？”

“我不说了，每位专家都说得很好，我受益匪浅，更感谢这些专家的宝贵建议。我关心的是接下来的事情！”

“接下来就把这几个方案交给周老看一下，让他来决断。”尹虎接道。

“那就明天或后天约一下周老？咱们尽快，时间越来越紧张。孔主任，您后期也多指导指导我们的雕刻师。”陈龙道。

“行！义不容辞！”老孔爽快地回答。

评审会议就这样结束了。

几位专家好不容易见一面，意犹未尽，讨论着最近的几套图稿。

陈龙也比较满意今天的结果，只等着后天向周老交考卷了。

第十九回

《中国恐龙》票藏玄机　好奇邮迷巧解密码

这一天，老张又去市里的集邮门店了，不过这回不是为他自己，而是为了给他的小孙子买一套《中国恐龙》邮票。

老张集邮已经近 40 个年头了，熟悉他的人都知道他是个“邮痴”。

上个世纪 80 年代，老张在一个国企工厂里当上了一个小小的车间主任，每到年底单位工会就会给大家发一本邮票年册，在那个文化贫瘠的年代里，这是老张一年到头最期盼的福利。那时候的邮票年册都是红皮的，上面非常简洁地写着“中华人民共和国邮票(XXXX 年)”，还有烫金的国徽印记，看上去很是庄严肃穆。从 1981 年开始，一本又一本的红皮年册，成了老张丈量时间的标尺，见证了老张从一个莽撞青年，成了没事就含饴弄孙的老人，他对邮票的爱就随着时间的推演而愈加浓烈。

老张集邮，其实有他自己独特的偏好，他喜欢能在现实中找到对应物的风光邮票，什么各种各样的大桥、各个年代的民居、祖国的名山大川都是他的珍藏，这其中最让他得意的却不是老纪特邮票，而是一套从 1986 年到 1991 年之间发行的《民居》普通邮票，倒不是这邮票的市场价值有多高，而是这些年来老张走到一个城市就会对照着邮票画面的角度，找到当地民居拍张合影，这件事已经成为他每次参加集邮沙龙津津乐道的故事了。老张说，玩邮票要把自己当侦探，邮票中的每一个秘密都被自己一点一点挖掘出来，那么你就玩懂了这个邮票。

老张的另外一个偏好，是搜集盖销票。这个习惯从老张刚开始集邮那会儿就保留了，一直到现在，通信形式来了个大翻天，如今再没什么人寄信了，老张几乎只能搜集到自己寄给自己的盖销票。老张每次跟新入行的小邮友介绍时，总要说起“我们那个时候……”，他们那个时候，人与人的通信离不开书信，因为书信寄递的时间长，一来一回少说也要几天的光阴，所以下笔的时候就格外认真，既不能写错字，又一定要把自己的意思表达清楚。所以对于从前收到的信，老张都很珍视，不仅将信件本身一一收好，还要将信封上的邮票小心翼翼地揭下来，晾干后再收进邮册中。久而久之就摸索出了保存盖销票的方法。每当老张自己收到了信，或是邻居朋友来找老张帮忙揭下信封上的邮票，老张都要严阵以待，像做一个化学实验那样准备好一切器具。

他先是用瓷碗盛上半碗温水，把信封稍微卷曲，将贴有邮票的部分朝外，放于水中浸泡，如果有人围观学习，老张就会特别交代，注意水一定不能盛得太多，能全部浸没邮票就够了，否则会褪去信封上的字迹，操作得当的话泡上几十分钟邮票就会很容易被揭下来，不过成败也在这最后一举，此时绝对不能用手去撕邮票，容易在湿邮票上留下痕迹，要用镊子夹住邮票，再拿棉签一点一点洗去背胶，放在阴凉通风处自然凉干后，就可以放到邮册里收藏了。

老张集邮还极其认真，用他老伴的话说，当年要是拿出这个认真劲儿来学习，也许能成为中国第一批大学生。每张零散的邮票，老张都注明了如何得来的，什么时间得到的，这张邮票什么时候发行的，上面图案是什么，这个图案的意义又是什么，并且坚持用手写文字标记得清清楚楚。儿子问老张，为什么要记录这些，老张总说，怕自己有一天年纪大到记不住事了，可是翻开这些邮票，就能想起以前的朋友和以前的故事。邮票册就是老张的日记本。

老张的小孙子刚上小学，自从妈妈给他买了美国的恐龙动画片后，小男孩就爱上了这种形态各异的古生物，家里陆陆续续地买了不少的恐龙画册和玩具。老张老伴儿觉得儿子儿媳太惯着孙子，可老张却说“这小娃像我，迷上啥东西就一定要全身心投入！”说得他老伴儿无言以对。

这回老张从他们的集邮群里听说要发行《中国恐龙》邮票，就想到了自己的孙子。

这天天刚蒙蒙亮，老张从自家杂物室里找出了一把便携小板凳，他老伴儿看了有些困惑不解：“这鸡年的生肖邮票你不是刚买完吗，怎么又把这小板凳拿出来了？怎么着，难道现在生肖邮票提前半年开售了？”

“嘿，你这老太婆可真能瞎说，我这是去给你宝贝孙子买恐龙邮票去。”

“恐龙邮票？恐龙也上邮票啦，孙儿一定喜欢。“

“那可不，而且上了邮票就有权威保证，肯定比他妈给他买的那些随随便便的画册要专业。”

“可你需要带小板凳吗，这恐龙能有这么火吗？还需要排上几小时的队？”

“你瞧你，头发长见识短！现在社会上有一波特别迷恐龙的人，不仅是小娃，还有好多大人，只要是恐龙的东西他们就要买。跟我们这些邮迷一样热闹！”

“还有这样的？迷恐龙？就迷一个已经灭绝的物种？”

“那可不是，恐龙学问大了，研究它的人都有专门的组织和活动呢。而且我们那集邮群里的人都说要去买，说这次恐龙邮票特别好看，周围好多有小孩的亲戚朋友也都打算去看看，我想我还是带着小板凳，要是人多了，我还得一边坐着，一边跟我那些老伙计唠唠嗑。”

“行，那你早去早回，记得回来吃午饭啊！”老张老伴儿对老张的这个爱好早就已经从“无可奈何”到“无言以对”，最后变为“无条件支持”了，相处几十年，早知道这老张一遇上邮票就是十头牛也拉不住他的好奇心，说是给孙子买，更主要的是他自己想去看看热乎乎的邮票。

要说起如今老张老伴儿对他的集邮事业能那么支持，也是经过了岁月的洗礼的，当初两人因为邮票这事还闹过好一阵子别扭，最严重的一次就是老张拿着一个月的工资买到了一册假的“文革”邮票。

那是一年冬天，老张下班途中看到人行道上停着一辆小三轮车，车上有一些旧书报，没多少，看上去像是收来的废品。车前站着一个收废品的人，弯腰整理着那些旧书报。老张经过时，看见那人手里捧着一个对开的集邮册页，带塑料膜插槽的那种，里面插满了邮票一类的东西，口中还念念有词：收废品收来了个这东西，也不知道是什么。老张一见其中的邮册就有些挪不动步子，看上去那是这人收来的废品中夹杂的一本集邮册。老张便上前看看会是些什么邮票。一看，好像全都是很老旧的、上世纪六七十年代的邮票。正想细看，那人又自言自语地说道：这邮票也不值钱啊，全都是四分、八分的。一听这话，老张想这人可真不懂邮票，再往手中的邮册仔细看，有样板戏图样的，有毛主席语录，有解放军的形象，虽说保存的都不算完好，可这看着分明就是“文革”邮票呀！

那时候老张刚开始集邮，对于“文革”邮票没有多少了解，也没有机会见识到那些品相好的珍品，只是听人说多了什么“祖国江山一片红”“梅兰芳”“蓝军邮”等等坊间传闻很多但实物却很少的珍邮，知道“文革”邮票也在这珍稀品种之中，而且发行数量很少，市场行情挺好。听那些“老邮”们说多了这些，老张心里也就存下了对这些邮票的“景仰”之心。这突如其来地让他遇上了“文革”邮票，还是在这么个收旧货的摊子上，这像极了老张喜欢的那些寻宝小说的开场，缘分呐！

老张内心可以说既紧张又兴奋，大冬天的羽绒衣里的内衣都有些汗湿了。他学着在邮市看那些老邮迷挑选邮票的样子，不动声色地翻看着邮册，一会儿说一句，这邮票怎么都黄了，一会儿又挑剔，看还有这个蜷角了。其实老张根本就不介意，他也不是想买着什么价值连城的宝贝，就是如果能收藏上一套“文革”邮票，那一定会是他集邮道路上的里程碑。没吃过猪肉还没见过猪跑吗，老张周末的时候跟着单位的李主任去过几次古董市场淘货，见到人家淘买邮票的时候就是这么说的，而且李主任告诉他，这叫“装”，心里越是喜欢，越得“装”得无所谓的样子，这样才能淘到一个好价格。

可这收废品的人居然也不管老张说些什么，只自顾自地说，这花花绿绿的邮票还蛮好看，回去存着哪天要寄信了还能省点钱呢。

老张一听就急了：“这位大哥，这可都是好邮票，你可别把它给寄了，这样吧，您要是不需要，您就卖给我。”

“卖给你？可我也不知道该卖给你多少钱呀？这样吧，我看你是真挺喜欢这东西的，我就按着这上面的面值卖给你吧。”

老张简直不敢相信居然有这样的好事，心想自己这是撞上大运了，可他也不能太欺负别人了，于是二话没说，从刚到手的工资信封中掏出 50 元买了这本邮册。

回到单位，老张立刻找到了他们单位最懂邮票的李主任，献宝似的把刚淘到的邮册拿出来，其间李主任脸上的表情那叫一个精彩，一会儿眉头紧锁，一会儿拿着放大镜仔细琢磨，一会儿摇摇头，一会儿放下邮册喝口茶。老张是急性子，看李主任这样早就按捺不住了："老李，怎么样，你倒是给个准话呀。"

"哎……"

"怎么了？"

"假的！"

"什么？假的？"

"也不能完全说是假的。"

"唉，你可别吊我胃口了，为什么说假的，又不完全是假的？"

"我是说，其他那些不值钱的都是真的，可是这几枚'文革'邮票印得太差了，一看就是小作坊的产出，有些地方都印糊了。唉，你花多少钱买的呀？超过 5 块可不值。"

"我……"

这是老张集邮史上的一次失败经历，却也成了他后来津津乐道的话题，每次说到这里，他总要加上一句，为了这 50 块，老伴愣是一个月没和他说话。

有了失败的经历，更是激发了老张学邮票、玩邮票、研究邮票的热情，如今在这鱼龙混杂的邮票市场上，要想瞒住老张的眼睛，还真不是一件容易的事情。

到了邮局果真见到了大排长龙的景象，老张得意地拿出手机拍了一张现场画面传给自己的老伴，这意思很明显了：还是我明智！

队伍前进得很快，没过太久的时间，就轮到了老张。

"老张，又来了？"营业员小龙自从在牛街邮局工作以来每年都会见到几次老张的身影，两人渐渐也就熟络了起来，老张偶尔也会跟小龙讲讲他经历的那些邮票的故事。

“对，给孙子买套恐龙邮票。”老张笑呵呵地回答道。

“好嘞，您是要套票呀，还是要邮册？”

“来个套票，有哪些邮册我挑挑，送给小孙子还是要注意一下美观的。”

老张挑了一册含有恐龙画片的邮册和一套有小型张的套票，心满意足地带着他的小板凳回家了。

刚回到家，就听见热热闹闹的说话声，原来是儿子带着小孙子来老张家里吃饭了。

果然一进门，小孙子就像一只小猴子那样爬上了老张的肩膀。老张连忙一手抱住孙子，一手扬扬手中的小板凳，说：“小心磕着！”

老张儿子走过来接过板凳，说：“爸，又去买邮票了？我们看看这次你又买了什么好货？”

“这次呀，是给我们家的小猴子买的。”

说着就从袋中拿出了刚买到的邮票，小孙子迫不及待地打开了邮册，惊喜地叫了一声：“恐龙！”

“哇，这恐龙邮票确实挺好看啊。”老张老伴儿和儿子都围到孙子身边看了起来。

老张一听这话，感觉就像夸自己一样美，扬着头就进了厨房，给儿子孙子做饭吃。

“爷爷，爷爷。”没过多久，孙子就抱着邮册跑到了老张身边。

“这两张邮票怎么不一样呀？”

“怎么可能不一样呢，你出去玩啊，这里有油烟，会呛着你。”

“真的不一样，你看，这个数字旁边的小恐龙就不一样。”

老张看孙子拿着两张恐龙的套票版张在眼前晃着，于是就瞄了一眼。这一看，老张差点惊掉了手里的锅铲——两张套票版张编码旁印刷的恐龙剪影还真是不一样，一看就是两个品种的恐龙。

这引起了老张的兴趣，他连忙把厨房交给老伴，把手擦了干净，仔细研究起手中的两张邮票。其中一张是当时在窗口零售买的零售套票，防伪码前印刷的是一只脖子细长的恐龙，而另外一张同样的套票版张，是从自己购买的邮册里抽出来的，防伪码前的恐龙剪影身形肥硕，和那张零售版的完全不一样。但老张仔细研究了一下，觉得应该不是印刷失误，于是他立刻给自己集邮圈的朋友们打了电话：

“老李，今天去买恐龙了吗？”

“哟，我这刚从邮局回来，你怎么就知道了？”

“快帮我看看，你那防伪码前面的恐龙剪影是什么样子的。”

“剪影？我看看。”

……

“老王，快给拍张你的恐龙邮票看看。”

“老弟呀，哥有个着急事情，麻烦你拍张照……”

老张问了一圈身边集邮的朋友，发现大家买到的都是他在零售窗口买到的那种恐龙剪影，照理来说，如果是同一个版式出了两种版本应该买到的概率是差不多的，难道是因为他买的邮册所以有特别的版本，就像生肖邮票的防伪码就有邮册中的大版和零售时用来撕票的大版编码的区别，去年甚至还有 M 码邮票在市场上火热了一阵。

老张决心搞清楚这个问题，于是打开了手机里的集邮网 App 多买几张看看。

说到这手机买邮票，还是他在购买生肖邮票时结识的赵三教他的。赵三这人脑子灵活，从中国邮政一推出互联网购买邮票的平台以后，许多“老脑筋”还转不过弯来，怎么都不肯使用，但赵三第一时间就下载了手机客户端——他早看清了，在中国，谁敢做第一个吃螃蟹的人，往往就能成为受益最大的那个人。

禁不住赵三几次三番地劝说，老张最近也用上了手机版的集邮网厅，虽然他还是喜欢现场排队的氛围，但别说，有时候排队没买着的票，还真让老张在网上给抢着了！

一周后，老张在集邮网店上订购的恐龙邮票收到了，他分别从中国集邮总公司、北京、天津、湖南、陕西几个网店订购了恐龙的套票版张和几个不同的邮册，他把每一张套票版一字排开仔细观察，原来恐龙的剪影并不只他之前买到的两个，只是手头上有一两个恐龙形象相对多一些，零零总总加起来，老张的手上有了五个不同的恐龙图标。

这对老张来说可是个大发现，因为一直关注着集邮新闻的他看到很多关于此次中国恐龙邮票从恐龙的品种到各种各样花式印制工艺的介绍，就是还没看到这个不同的恐龙图标的讲解。要知道，对于专业集邮者来说，搞清楚每套邮票特殊的工艺和深藏的玄机是他们日后说道自己“宝贝”最重要的资本。老张忙将自己搜集到的五个不同恐龙套票版张排在一起，拍了一张照，发在自己的朋友圈中。

照片发出没有多久，就得到了一片点赞，许多邮友纷纷向老张询问是从哪儿搜集到的。大家约好了，就在下个周末带上自己手头的恐龙邮票，用自己多的去交换别人缺少的，也看看还有没有“漏网之鱼”。

隔日，中国集邮的公众号终于推出了一篇文章，介绍了藏在恐龙邮票中的秘密：原来在印制的时候，为了增加大家的收藏乐趣，同时也能起到防伪效果，的确在防伪编码前的恐龙图标上做了一些变化，而这不同的恐龙图标，不多不少正是五个！

看来，这就是藏在恐龙邮票里的秘密。老张很为自己开心，这一次“探秘”的故事又被他记载了自己的邮册故事里。

第二十回

周大师慧眼选线稿　娘子军挥才雕生肖

向周老师交考卷的时间如期而至。

"未洋，图稿准备的怎么样了？"小吕笑嘻嘻地关心着细节，生怕未洋嫌他"唠叨"。

小吕是自小在南方长大的，做事很细致，但因为湖南人嗜辣，所以他又豪爽直接。未洋是地道的北方姑娘，大大咧咧，所以两人在一起倒也能互增有无，取长补短。

自从武马"转行"开始抓生产印制后，小吕就接手了图稿质量把关的工作。虽然在经验上不如武马老道，但是小吕是艺术专业出身，看稿子的眼光很是独到。

小吕加入后，生肖团队每个人可以说是各有各的特点，各有各负责的角度。

陈龙分管过经营，对营销还算精通，对集邮市场动向很敏感，总是会有很多创意激发集邮市场的动力，也做过很多"大案例"，比如北京两次申奥成功案例，都参与过。特别是陈龙在宏观上把握整个第四轮生肖邮票的运作，一点都不敢掉以轻心。

尹虎，专业设计科班出身，受过中国最好的美术院校洗礼，师从国内最优秀的艺术大师们。杜大恺、陈汉民都是尹虎每年必看的恩师。他的同学都已经是国内小有成就的设计大家。只有尹虎数十年如一日地在自己热爱的邮票设计领域勤耕不辍。尹虎主管生肖邮票的艺术方向，与设计大家交流设计思路。

武马，在邮票选题和图稿方面的经验都没得说，他不仅对涉及邮票发行的各个部门门儿清，还常常能和那些堪称专家级别的老邮迷们打成一片。但武马其实是研究印刷专业的，如今回到自己的老本行，专抓邮票印制工艺这一块，他常常能提出一些让陈龙惊喜的工艺用以配合邮票画面的呈现。当然，当下他最重要的工作就是保障生肖邮票的雕刻印刷能保质保量完成生产。

小吕，尹虎的小师弟，从事邮票发行工作已有近 10 年。他崇尚精英审美，在省市集邮公司交流的一年，把当地的邮品设计工作做得风生水起。有聪明灵活的头脑和极强的协调能力，胆大心细。小吕在团队里上传下达，像一座桥梁连起四个人。

未洋，大家都很熟悉，不多赘述，她本是学设计艺术出身，却从事编辑工作多年。对她来说能够编辑生肖邮票，跟着前辈学习，恐怕是她编辑生涯最为幸福的事情。在生肖运作团队里，她是唯一的女性角色，需要事无巨细地落实每一项具体工作。

团队的人员呈现阶梯式结构，陈龙、尹虎、武马有丰富的集邮经验，小吕和未洋年轻，老带新。新的也愿意跟着前辈学习。一脉亲承，各司其职，相得益彰。

“小吕，我把专家选出来的三个方案都带着了，为了保险还带了所有的一倍稿。”未洋耐心地向小吕细数了自己做的准备工作。

“唔，我觉得你最好把所有的图稿都带上吧。万一周老想看看其他的图稿有没有可借鉴的呢。”小吕把所有的可能性都考虑进去。

“行，那我分开两个袋子装。”

“好！这样更好！其他还需要准备什么你再想想，别忘了，带上相机。”小吕诧异这姑娘今天没嫌他唠叨。

“哎呀，知道啦，吕老师，您又开始了。拜拜，我去准备图稿了。”果不其然，还是被嫌弃了。

小吕一直认为，别小看这一句“唠叨”，在邮票发行过程中，越是琐碎细小的地方越容易被忽略。邮票发行的各个环节都不能放松，而且请周老评审雕刻稿算是这套生肖邮票创作阶段最后一个环节了。所有人都有一根弦，不敢放松。

盛夏的正午，地面烤得火热，连树上的知了都懒得再叫一声。路上几乎没什么行人，生肖团队一行四人，顶着最热的太阳行驶在二环——三环——五环路上。

“尹虎老师，您说咱们是有多热爱这份工作，才能冒着这么大的太阳出门呀。一只母鸡要是不小心下一颗蛋在地面上，拿起来就可以吃了。”未洋一路逗趣。

“天气是热了点，可是看看我们近来的成果，心里还是高兴。”尹虎瞄一眼坐在副驾驶位置的陈龙。

“是呀，是呀，但愿我们的雕刻布线能让两位周老师满意。”未洋用胳膊碰碰小吕，小吕也是一脸的严峻。

“嘿，我的直觉告诉我狗票的雕刻布线今天会让周令钊老师满意。”未洋信心满满。

小吕见未洋得意的表情，接过了话茬。“我是真正体会到了这生肖邮票创作的难度，你还记得吧，你们第二次见过周令钊老师以后，对周老的草稿提了一些建议。周老师的创作一度陷入了困境对吧？”

小吕娓娓道来。

“是啊，那段时间，周老师还专门把我们请到家里，那时候他也有些着急，怕迟迟不能拿出图稿，耽误了咱们的进度。”未洋一脸问号，不知道小吕葫芦里卖的什么药。

“那段时间，其实咱们的工作也一度暂停了，咱们几个加上二位周老师都苦苦思索，生肖狗票的创作方向。”

“我当然知道，咱们找了多少狗的资料啊，每一个角度，每一种姿势。连国外的漫画都拿来参考。”未洋回忆着那段“不堪回首”的时光。

……

周家到了。

未洋按响门铃，周容老师笑眯眯地出来迎接。四个人悄悄地走进熟悉的客厅，却没见到周老像往常一样坐在椅子上笑眯眯地打招呼。

“爸爸还没醒，他今天睡得有些晚，稍微等他一下，我请阿姨去看看他。”周容将手指抵在嘴上，然后向站在后面的阿姨指了指睡房。一个年轻的女士轻手轻脚地顺着周容指的方向走去。

“周大姐，别叫醒周老了，让他多休息一会儿。”陈龙向周容摆摆手。

“没事儿，咱们要是不叫他，他能躺到下午吃饭。”周容笑嘻嘻地吐槽着爸爸。

“那晚上还能睡着吗？”陈龙想象不出来，他觉得自从自己“上了年纪”睡得越来越少，白天多睡一会儿，晚上就容易失眠，而且早上起得特别早。

“他就躺着，什么都不做，就像小孩儿赖床似的，其实也不困。”

周容招呼四位坐下，四人会意，各找自己的座位。周容见小吕和未洋一人抱着一个大牛皮口袋。

“这是？”

“周老师，这就是前天评审出来的雕刻图稿。”尹虎接过小吕手里的袋子打开，在沙发靠背上一字排开。

“周老师，向您介绍一下基本的情况，周老的图稿设计完以后，我们就会召集邮票印制局的雕刻师们，进行雕刻布线竞争。这个过程大约有 20 天，也就是说，在这 20 天里这些年轻的雕刻师们就要交出一份考卷。然后我们请工艺类、艺术类专家对图稿进行第一轮评审，根据他们的经验在印刷适用性、布线艺术性等等几个方面进行评较，选出三个最适用批量印刷、艺术效果最好的方案。再请周老进行最后的评审和选择。”

“哦？雕刻这么快就出来了！”周容一边看着沙发上等待检阅的图稿，一边惊叹效率之高，“那我真得把爸爸叫起来，让他看一眼。”周容看向卧室的方向，阿姨踮脚从屋里走出。

“爷爷说，能不能在床上看图稿？”阿姨看起来有些难为情。

“别，别……哪儿能在床上看稿子，今天的任务挺重要的。把爷爷叫起来吧，不能让他睡了。”阿姨接了命令又进屋去。

周容无奈地笑笑：“老人家都是越来越像孩子。”

“哈哈，没事儿，周大姐。再让老人睡一下吧，我们不着急。等会儿。”陈龙安慰周容。

“没关系的，叫爸爸起来自己看一下图稿。不过我觉得这个方案更好些。”周容认真地审视每一个方案后，指着其中的一个图稿说。

“这个袋子是什么？”周容看到未洋还抱着一个牛皮袋。

“这……这是其他方案，入选之外的。”未洋解释道。

“打开给周老师看一下其他方案。”陈龙示意。

小吕和未洋一起将几个方案摆放好位置。

大家正在针对几个方案讨论，周令钊由阿姨扶着台阶扶手，慢慢走到客厅。团队四人见状马上去帮忙。周令钊慢慢坐入到自己的椅子里，看着对面满满的一桌、一地图稿。

“哦！雕刻线都出来了。”

“您果然是行家。”尹虎惊奇。

“我曾经在541印钞厂做过钞票设计，那时候都是雕刻的。做这个很有意思，就是当时谁都不能说，保密，两个星期回一次家。只是不知道现在是不是还是那么严格，谁都不能讲。哈哈。”老先生的保密意识还是很强，常年为国家形象做设计的经历让他形成了不多说话的习惯。

“这几个方案是印刷类和艺术类专家选出来的三个方案，适合于大批量生产，与邮票图稿的结合也会相对好些。在这边铺满的是其他的方案，也一起拿来请您过目。”尹虎一边解释，一边将入选方案递给周老师。

周令钊来回看了几遍手里的方案，又看了看围着他摆放的方案，他几乎没有什么迟疑地举着一个方案。

“我觉得这个好！”

大家好奇，几乎同一时间围上去看个究竟。周令钊选出来的就是各方面专家都推荐的那个方案。

“周老，二图呢？您觉得哪个方案好些？”尹虎按耐住心里的诸多疑问，继续求证。

“二图，也是同一个方案好些，但是，我觉得可以和另外一个方案互补一些。这两个方案很像。”周老一手拿一个方案。眼睛在这两个方案之间来回比较。

我要选这两个

我为什么选这个

“爸爸，您看这个方案，我觉得这个方案也不错。”周容怕父亲没有看全面，提醒道。

“不，就我手里的两个方案好。他们可以互取长短，可以吗？我选两个？”周令钊扭头向陈龙四人问。

“当然，周老。没有问题。只是，您为什么那么肯定选这两个？”陈龙回头望了一眼另外三双眼睛。这三个人也一脸想知道答案的表情。

“这个方案一看就是一只狗，它的轮廓线强调了，所以看起来整体。虽然狗身上画了三块花纹，但是这是狗身上的花纹，对不对？这些方案，猛一看是三块黑色，然后才看到狗。就这个方案，第一眼看到是狗。而另外这张有些局部画得好，不生硬，眼睛也比这个方案好些。所以我就选这两个喽。”

“那这第二图呢，您是怎么选择的？”尹虎紧追不放。

“你看这个方案，大狗和小狗前后层次拉开了。大狗身上的毛和小狗毛质感不同。”

四个人你看看我，我看看你，同时笑了出来。

“周老不简单，不愧是老设计家。”尹虎知道大家都低估了眼前这位曾经叱咤设计界的老先生。

周令钊摘下眼镜，看看尹虎，笑了笑。心里想，不露两手，你们还真把我当老头儿了。

每次讨论图稿大家热火朝天地七嘴八舌，周令钊总是安静地坐在他自己的椅子里，大家都以为，周老应该听不见大家说什么，安静想着自己的心事。说到重要的地方，周老冷不丁幽默地插一句话，稳准狠地击中要害。

雕刻图稿终于尘埃落定，四个人也终于放下四颗心。

“周大姐，8 月 2 号，我们会在邮票印制局办一个开机仪式，到时候想邀请周老和您一起去参加。就在生产车间，印刷邮票的机器跟前，由周老和我们邮政集团的老总一起按动电钮，生肖邮票就开机印刷了。”陈龙详细地向周容解释开机仪式的过程。

“哦，好的，人多吗？我怕到时候爸爸腿不方便，估计来回走动可能会耽误你们的进程。”周容显然有些担心。

“人不多，可也不少。不过，周大姐，他们都是印刷车间的职工，还有就是我们邮票发行部的同事，都是咱们邮政自己人。只是到时候会有网络视频直播，全国人民可以通过互联网看到这个仪式。”陈龙打消周容的疑虑。

“邮票厂还在牛街吗？”周老问道。

“是！周老，还在牛街，您去过邮票厂吗？”

“就是孙传哲那里吗？”周老继而问道。

“是，孙传哲老师就在那儿工作过。您当时做过邮票评审委员会的评委对吗？我还接过您，那还是80年代的时候。”尹虎刚毕业时就在邮电部邮票发行局工作，那时候就跟未洋一样，他经常需要去将评委专家接到邮票厂开会，也算是年轻的时候就跟艺术大家们打起了交道。

“孙传哲还在吗？”老师继而问。

“孙传哲老师……唔，他已经不在了。1995年就去世了。”陈龙接话到，在陈龙心里，孙传哲也是邮票设计界的一颗璀璨的明星。

“我还送了好多学生去邮政局工作呢，早一些的有刘硕仁，他还好吗？还有卢天骄，之后又有邵柏林、邹建军、任宇等。”周老回忆着。

“前两位老师现在年纪也大了，基本上在家里不怎么出门了。”

周令钊点点头，曾经年轻活泼的学生们，在他印象里可能还都是小伙子、小姑娘。

“周老，那咱们开机仪式的时候再去邮票厂看看好吗？在车间里转转，看看曾经印 1982 年狗票的那台机器。”陈龙诚挚地邀请道。

“好！再去看看。”周老看起来高兴极了，来了兴致。

“好，那就说好了，咱们开机仪式见。相关的细节，我请我们那儿的南处长跟周容大姐具体联系。欢迎二位周老师回去邮票厂看看。”四个人见时间不早，与周令钊父女道别。

“周令钊老师可比我想象的思想睿智很多，我以为他会随便选一个方案，或者干脆问我们的意见。”回去的路上，小吕说出了很多人的想法。

“那可不是，周老是谁呢，他经历的事情、他见过的人和事，都不是我们这辈人能比的。虽然看起来，他话少，但是我们说什么他都听得明明白白。而且他的主意非常坚定，就是要他认为好的方案，不会随波逐流。”尹虎越来越敬佩这位老人。

“其实说实话，就算是周老问，咱们也不能给他建议。只能告诉他从哪几个方面选择。毕竟咱们还是要保证公平、公正的。”陈龙明白，从始至终，公平、公正都是每一个雕刻师希望的，也是生肖团队誓将捍卫的原则之一。

“都选出来了，现在可以告诉我们这是谁的方案了吧？”小吕终于按耐不住心里的好奇。

“周令钊老师第一个选出来的方案是谁的？轮廓线比较清晰的那个。”尹虎问道。

“把你们憋坏了吧？”未洋混不吝地调侃三位同事道，“尹虎老师，您觉得会是谁的？您猜一个。陈龙，您也猜猜看。”

“这我们哪儿猜得出来！风格这东西很难说的。”陈龙此时一脸黑线。

“第一个选出来的方案是珊珊的。”未洋见领导一脸的“丈二和尚”，只能老实汇报。

“珊珊？是不是那位微胖、个头偏高的女孩？她好像也是设计师。”陈龙凭借着自己对雕刻师们的印象搜索着信号。

“对！就是她。”未洋确认。

“哦？珊珊啊，这姑娘有才华，清华美院毕业，思想活跃，性格也是外向型的。”尹虎补充道，“今年终于中选了？”

“是不是就是总说自己是千年老二的那个珊珊？”小吕也有印象，打过为数不多的交道，只知这位山东姑娘是个直脾气，什么都敢说。

“你们说的是同一个人，就是她。那想不想知道选出的第二个方案是谁的？”未洋卖起关子。

“快说，快说！”小吕催促道。

“这个人会让你们既意外又在意料之中。”未洋吊足胃口，直到陈龙也回过头来，狐疑地望着她。

“小明！”

“还真是，她又一次中选了。只能说明，去年对她的‘折磨’起到了效果，经过一年的训练，她成长得很快。”尹虎确实觉得她的方案不错。“雕刻班的这些孩子们需要经过不断地训练和打磨才能成才。”

“对，多经历几次这样的任务，他们的水平也会不断地提高。今年的雕刻普遍比去年要好些。也要多给他们锻炼的机会。”陈龙认为，对邮票印制局雕刻师的培养确实任重道远，需要花大力气去培养这批“珍稀”的雕刻师们。

“不过，为什么咱们几次中选都是女雕刻师呀？照理来说，像马丁那样国际知名的雕刻师可都是男性。”小吕嘀咕着，他就不明白了，印制局雕刻班里的男生也不少呀，怎么就没一个能顶上来的。

“你肯定不看体育比赛，在中国，一般要有突破的项目都是从女子开始的，你看，排球、网球，还有足球。这啊，是中国特色。”陈龙年轻时就是个体育迷，这不，从体育这件事上他算是总结出了一个“中国特色”，恰好就是中国雕刻的现状！

“明天就通知雕刻师们进行修改吧？时间不多了。”陈龙提醒道。

“陈龙，明天我和小吕一起去河南邮电印刷厂看《凤（文物）》的邮票样，如果有可能就批了。所以咱们周一一早约雕刻师见面。给他们一周时间修改，你看行吗？”尹虎回道。

“哦？好，那就周一，你和小吕辛苦，这套邮票时间也比较紧急了。一定要按照咱们之前规划的保证效果。”《凤（文物）》是另外一套陈龙关心的邮票。

“你放心吧，一定完成任务。”尹虎道，“未洋，你有事吗？没事周末也跟我们去看看，毕竟是你编辑的邮票，看看邮票从编辑手里到了印制厂以后是怎么操作的。”

“啊？我去看样吗？我哪儿会啊，尹老师。”未洋还沉浸在生肖邮票里，冷不丁被尹虎拉入到新话题。

“编辑也需要多了解一些印刷知识以及工艺，这样跟设计者交流的时候就能提供有建设性的意见，帮助设计者更好地呈现设计。”尹虎早年做过编辑，所以他对编辑工作也有很多心得。

“得嘞，尹虎老师，我去！”未洋知道从小明的身上她看到了一个事实，只有多看、多想、多参与、多见识、多学习，才能让自己快速地进步。

雕刻布线的评审阶段，圆满结束。

第二十一回

凤文物时空大海选　犬邮票筹划开机礼

《诗经》有曰："凤凰鸣矣，于彼高冈。梧桐生矣，于彼朝阳。"诗中的凤凰高歌啼鸣，招贤引才，秉承佳时兴盛的祥瑞之情。

距今约7400年的湖南洪江高庙文化遗址中，出土了一件白色陶罐，其颈部和肩部各戳印有东方神鸟图案，一只朝向正面，一只侧面回首。据考古专家鉴定，这件陶器上的神鸟图案即凤凰，是迄今为止我国发现的最早的凤凰图案。凤的形象从起源到中国封建社会的最后一个朝代——清代的结束，历经了数千年的演变，逐渐形成了现在我们看到的华美、富丽、夸张的造型特征。而流传下来的凤文物，不仅承载了凤这一图腾形象演变的轨迹，也展示了数千年来中国文物的审美变化。

凤与龙一样，在中华民族绵延发展的历史长河中，成为人们祈愿美好和平、吉祥和谐的图腾符号。

初接到《凤（文物）》这个选题时，未洋是又爱又怕。爱的是未洋是个对文物很感兴趣的人，《盗墓笔记》《鬼吹灯》一类的盗墓小说看了不少，总觉得那些文物里藏着千百年前爱恨情仇的故事，前两年一部《我在故宫修文物》的纪录片火爆了网络，未洋更是津津有味地把这只有三集的纪录片一分钟不落地看了个遍，几度后悔当初大学选专业的时候没有去选个考古学，总之一句话，文物里数不尽的故事彻底把未洋给迷住了；怕却是来自于当年负责《中国 2009 世界集邮展览》邮票的编辑经历，有过历史经验，她心里清楚文物类选题需要在中国浩瀚的几千年历史中淘到那几件最适合的文物，绝不是一件轻松和简单的事情。

其实严格说来，《凤（文物）》也是一套小系列票，在 2000 年时，这个文物小系列邮票的《龙（文物）》邮票率先发行，六枚邮票的内容选取了六种具有时代和工艺代表性的文物。既然有迹可循，未洋首先要做的就是收集资料。

文物邮票资料的收集，可谓是大海捞针，一场轰轰烈烈的全国文物“大海选”启动了。“海选”第一轮的举办地是众多博物馆的官方网站，未洋作为本次海选总导演，首先就在故宫博物院、国家博物馆、苏州博物馆、辽宁博物馆、上海博物馆等几个国内最大的博物馆网站进行地毯式的搜索，只要名字与“凤”沾边的文物都不放过。

“凤鸟纹镜，入选！”

“三彩凤首壶，入选！”

“凤墅帖？这是什么？哦字帖，out!”

“高凤翰自画像轴？汗，out!”

一连几天，未洋满脑子都飘着凤凰的形象，睁开眼睛就是“凤凰台上凤凰游”，闭目养神又想起“凤去台空江自流”。

经过一段时间资料的收集，电脑里面密密麻麻差不多有 300 张凤文物的图片可供选择。涉及到玉器、画像砖、瓷器、金银器、绘画、瓷器等多种材质。这些资料在未洋看来已经比较多了，于是她又拿着这些资料去请教考古专家。专家给未洋的建议非常专业，按照朝代、材质一一做了区分和选择。

凤文物第一轮海选结束，第二轮淘汰赛开始！

淘汰赛可是正式的比赛环节，不仅考验“颜值”还考验“内涵”，而且挑选重点还要考虑是否适合邮票的表现语言。大家都知道，现如今的“选秀”，评委往往比选手更加重要，评委的专业性和审美能力，直接决定了优秀的选手是否能够脱颖而出。未洋一刻不敢耽误功夫，联系了故宫、清华美院、中央美院等数位在艺术和考古领域的专家：

“姚老师，我们有个‘选秀’活动，想邀请您当评委。”

“‘选秀’？唱歌？跳舞？ Hip-hop ？啊该不会是选美吧？”

“嘻嘻，是这样，我们的‘选秀’，是‘文物大选秀’……”

“哦，原来是个文物选秀，那我可以参加，我的孙子都说我们这代是‘老古董’。可我是推荐参赛选手还是当个导师呀？其他导师都有谁？我们要 PK 吗？”

“哎呀姚老师，您这哪里是‘老古董’，这时下最流行的节目您都关注了？”

“嘿嘿，陪小孩看看，娱乐，娱乐。”

“那姚老师，改天我带着资料上门拜访您？”

“没问题，但是我还有一个问题？”

“姚老师您说，什么问题？”

“你有 freestyle 吗？”

……

原本想跟专家开个玩笑的未洋遇上了专家中的“段子手”，如今的专家老师们，不仅在专业领域深耕细作，还对最新的网络流行用语如数家珍，未洋只能甘拜下风。

专家导师团队很快就集结成功了。未洋首先抛砖引玉，展示了自己找到的资料——

“这个女娃年纪轻轻还是很认真的。”

“嗯，比很多年轻人强，难怪能当邮票编辑。”

“不错，不错，我们看好你哟！”

未洋心里有些小得意，做的功课果然没有白费，被表扬了。除了“选手”本身很重要外，让专家们了解这次选择的标准也很重要。邮票有自己特定的大小和表现方式，就是所谓的“邮票语言”，所以长久以来有一些很有历史意义的选题却因为不适应邮票的表现方式而始终没有登上邮票舞台。未洋希望这次专家能帮助选择和推荐既有重要历史意义，又适合上邮票的文物原型。

选择文物，是一个纠结的过程，因为每一件文物都有它的故事，在漫漫历史长河中，他们历经了千年，见证了岁月变迁，最终得以留存，其实很难说某一个时代的就一定比另一个时代的好。所以在与专家讨论确定最终文物时未洋也“以小犯大”对专家提了几个要求：首先就是年代的跨度，希望六枚邮票整体能尽量展现不同时期凤纹特征；其次是材质的完备，希望通过不同材质展现凤纹在不同承载物上的特点和美感；第三是六枚邮票的协调性，即六件文物放在一起从体量、角度、花纹、颜色、形状、质感上是一首完整的乐谱，不是个体的独唱；第四，尽量选取不同地域出土或收藏的文物，展现中国辽阔的地域凤纹的不同审美特色；第五，可能也是最重要的一点，美感。在文物的级别和美感中间，邮票会略微偏向美感几分，邮票是非常直白的艺术设计，而且票幅确实有限，有一些文物实物朴拙的质感其实是很难体现的，所以在邮票上展现的文物必须“以貌取人”。

听到这些要求，专家们纷纷叫苦连天：想要符合这每一个要求，太难了！

为了更好地集中意见讨论，未洋把专家们拉在一块儿建了一个微信群，这其中最活跃的就要数“段子手”姚老师了，他不仅自己对历史和文物有着深入研究，还常常活跃于文玩圈。他对这套邮票十分热心，只要发现了好的选择，就不放过。

自从建了这个微信群，未洋的手机里的生肖讨论群和这凤文物讨论群就成了最常响起信息提醒的群，一会儿是陈龙发来：“工艺竞争准备得怎么样了？”一会儿是专家发来：“看看我找的这个刺绣图案怎么样？”

不过在这件事情上，不得不说，专家们战胜了陈龙，因为过了下班时间陈龙就不会再频繁发信息给未洋他们那个小群了，毕竟上班的时间已经讨论得够多了，就算未洋乐意，尹虎可是会直接指出陈龙这样“太不人道”。但专家们常常只能利用下班后的时间来帮未洋寻找文物原型，尤其是最热情的姚老师，于是未洋常常晚上还能收到微信叮咚叮咚的声响。

未洋心里腹诽：难怪姚老师看过那么多综艺节目，这也睡得太迟了！

不过虽然有小小抱怨，但未洋是打心底里佩服这些专家们执着和认真的精神，他们把邮票发行当作自己的事情来关心。经过一段时间的选择，文物的范围被进一步缩小了。

进入到了“总决赛”环节，第一枚邮票图案，未洋和专家们就在石家河玉凤及河南殷墟玉凤之间艰难抉择。石家河玉凤年代最久，充满了古拙的艺术感，圆形在长票型中较容易表现；殷墟玉凤更为出名，造型优美。

在对凤文物的研究过程中，未洋发现北方尚龙，南方崇凤，特别是湖北也就是当年的楚国所在地，将凤的形象作为楚国精神的象征。

楚人自古崇拜太阳神，屈原的《九歌》中就有一篇《东君》传说是为太阳神所作。而凤凰向来被视为“太阳鸟”，因此楚人崇凤。凤文化所体现的爱国爱乡、高洁行芳的高尚品德；一鸣则惊人、一飞则冲天的创新求变精神；矢志不渝、涅槃再生的奋发图强精神；龙飞凤舞、龙凤呈祥的和合精神，都是楚文化中的闪光点。最终在二者之间，他们还是选择了湖北石家河玉凤作为登上邮票画面的文物原型。从目前考古材料得知，石家河文化出土的玉凤是目前所知较早的凤形象，开凤纹之先河。凤头顶有勾形长冠，圆眼，尖喙，肩连双翼，短翅，长尾。线条流畅，雕刻绝妙，代表了石家河文化玉凤雕刻的最高水平。

有了第一枚邮票内容的方案，后面几枚的选择看似顺利许多。很快二到五图邮票的内容都已经确定，分别覆盖了西周、唐、明等朝代。而第六个凤文物的选择又让未洋他们陷入了纠结之中。

第六枚邮票中的文物原定为画珐琅的盖碗，但因为实际文物中还带有一个碗托，所以整个形状变成了横长比例，请设计师做了几种版式上的尝试都不甚理想，未洋把这个情况告诉对图稿设计把关的小吕，几人商量之后，只能忍痛放弃。后来尹虎也在自己以前收集的罐子和未洋发给他的罐子里“淘宝”，终于他的目光落在粉彩夔凤纹的罐子与青花凤穿牡丹纹罐上，尹虎将两者的效果图都做出来后，邮票发行部征求了专家、设计者和编辑的意见，最后在综合表现上青花罐最终夺魁。原因就在于，青花罐胎体厚重，青花呈色鲜艳明快，纹饰清晰，生动活泼，凤凰图案用笔奔放，简洁凝练。它像一个具有力度的音符在最后一枚邮票中起到压轴的作用，使得这套邮票像一段乐曲，有起伏、有轻重。

这六件文物，在历史角度可以说涵盖了由新石器时代到清代的数千年，完整呈现凤纹在华夏文化发展的脉络，以及不同时代的审美品味，是古代工艺美术的缩影，有头有尾，有始有终，件件都是国之重器、艺术瑰宝。至此，《凤（文物）》特种邮票表现的六件国宝终于尘埃落定。

北京的盛夏丝毫没有要褪去火热外衣的样子，生肖邮票开机印刷的日子一天天靠近了。南处长的案头已经堆了一稿又一稿的开机仪式宣传策划案。

这是第三年举办生肖邮票印刷开机仪式，对于活动的策划团队来说却一点也不轻松。

第一年是新鲜，第一次在生肖邮票开机印刷前郑重其事地举办了个仪式，虽说没有什么经验，却赚了不少的人气和眼球，打响了第四轮生肖的第一波热潮。

第二年是期待，有了第一年积累的经验，第二年又结合了互联网直播与抽奖，不仅弥补了第一年在策划流程上的生疏，还扩大了受众群，算是一次大获全胜。

可这第三年，新鲜和期待都成为了更大的压力，不能让邮迷失望，成了萦绕在所有策划团队成员脑海中的一句魔咒。

首先到来的问题，就是该由谁来主持生肖开机仪式？

前有白岩松，后有崔永元，这两位在老百姓心中颇有知名度的“大咖”已经定下了一个太高的基础，今年还能找谁撑起这个场子呢？南处长早已一个脑袋两个大。

南处长在心里默默列出了几条准则：

这位主持人一定要有一定的知名度和影响力，内部主持人 out!

要宣传国家名片一定要形象正面，负面新闻 out!

发行邮票还是件严肃的事，不要太过娱乐化的主持人，综艺咖 out！

有了这零零总总的限制，剩下的人选也就不多了，还要我能看上

文物“选秀”

你，你也能跟我看对眼，终于满满一整页的主持人名单被南处长勾划到了仅剩的几个。

南处长向陈龙做了汇报，这几个人中，陈龙最心仪的就是陈铎。

其实陈铎这个名字，对于一代中国人来说曾是偶像般的存在。他是中国第一代的电视主持人，在那个电视节目十分有限的年代里，陈铎主持的《话说长江》是许多人守着电视机期待着的节目。尤其是这节目还开创了男女搭配双人主持的先河——别看现如今的节目“男女搭配，主持不累”早已经是司空见惯的节目形式，在那个年代，绝对是有举足轻重的影响力的。每到节目播出之时，大概和今天的“迷妹们”期待着小鲜肉出场一样轰动。

但这并不是陈龙偏向陈铎的最主要原因，陈龙希望还是能够找到一位比较了解邮票文化的主持人承担这个活动，毕竟，邮票是一个专业领域。而陈铎，曾经为邮票发行主持过首发仪式，有了过去的接触，知道他多多少少对邮票有着感情。

邮票，如今对许多邮迷来说就是一种情怀，只有有着共同情怀的人才能与邮迷产生共鸣。

虽说主持人选定了，可南处长还是有些忧虑，陈铎毕竟对于许多“80后”“90后”的年轻人来说还是有些陌生，那么想要达到比较好的传播效果，就需要在网络直播上花点功夫。

第二个问题，就是这网络直播。

腾讯的网络直播去年就开始尝试了，同时在线十几万观看人次绝对是大大超乎了陈龙他们的期待，今年要怎样让这个直播更有看点呢？

南处长想出了一个主意。

去年在直播前虽然一直对生肖邮票的设计者是谁保持保密状态，

但其实直播画面一开始，就已经把韩美林的镜头曝光在所有网友的面前了，网络的留言纷纷炸开了锅：

果然是韩美林。

早就猜到是韩美林。

韩老师好！

但是今年，南处长想让整个直播的过程保持着一个悬念。

这是南处长陪孩子看电视时学到的手法，据说用专业术语讲，叫作“抖包袱”。

无论是摄影镜头，还是文字介绍，又或者是前半段的主持人讲话，都不提及究竟谁才是生肖狗年邮票的设计者，一直到看完了宣传片，主持人郑重介绍设计者时再对全国的邮迷公布周令钊作为设计者的身份。就像一个包袱，逐层撕开包装，让人不断好奇包袱里究竟藏着什么料。

第三个问题，就是仪式现场的宣传片到底该怎么拍？

这天，长期为邮票拍摄宣传片的杨导带着制作好的宣传片小样来到了南处长的办公室。

“南处长，快来看看，刚出炉的样片。”

“哟，杨导果然是杨导，这么快就有东西拿出来了。”南处长正为宣传片发愁，就见杨导背着他的专业背包出现在发行部的办公室里。正所谓，来得早不如来得巧！

说来，这杨导也是一个牛人。

杨导出生在一个书香门第，他的父亲从事的也是文化工作，家中藏书颇丰，于是耳濡目染，让好奇心旺盛的杨导从小就养成了好读书的习惯。后来，这杨导靠着自己的文化功底成了央视的一名编导，就在拍摄各种纪录片的过程中，几乎走遍了中国的大江南北，人人皆知的名山大川他去过，那些人迹罕至的山坳幽谷他也闯过。人说，读万卷书，行万里路，这杨导一人就占齐了两项。最重要的是，杨导还是一个爱邮之人，每每见到新发行的邮票就来了兴致，把肚子里的百科全书翻开，别管是什么邮票题材他都能说出个一二三，简直可以当半个专家使了。

南处长招呼了办公室里的众人，一起围到大屏幕前观看生肖宣传片。由于生肖开机仪式是集邮周的“重头戏”，宣传片的开场便从这初生的集邮周的故事开始说起。

2016 年第一届集邮周拉开帷幕，全国一千余场集邮文化活动吸引了广大邮迷参与，一场集邮嘉年华盛大开启。

镜头扫过宏伟壮阔的城市街景，远景，中景，最后镜头推向了一个一个可爱亲切的集邮爱好者的面庞。

“集邮，就是我日常生活的一部分，一种爱好。”一位坐着小马扎的中年人如是说。

“我从上世纪 60 年代开始集邮，现在，我 80 多啦。”一位银发祥和的老者如是说。

“生肖邮票我每年都买的，第一轮猴票，我花了十几块钱买的，当时可是花了半个多月的工资。”一位中年朋克范儿的邮迷如是说。

“我觉得，邮票有翅膀，能飞过高山，连接大山深处和外面的世界。”一位穿着苗家民族服饰的邮政营业员如是说。

“邮票是一座桥梁，拉近了人与人之间的距离。”少年邮局的小小“局长”如是说。

镜头下，屏幕里，一个个鲜活生动的邮迷们讲述着自己与邮票，自己与生肖的故事。邮票发行部的播放室中不再有闲谈的声响，大家都安静地聆听着这最亲切的声音。

感动，众人的心里都被邮迷的质朴所打动。

这时画面切入对生肖文化的介绍。

生肖是中国传统民间智慧漫长时间的结晶，而犬自古在中国就有保家守宅、平安兴旺的含义，二者结合背后的故事讲不完、道不尽。而杨导要在短短三五分钟内，用最引人入胜的画面，把大家带入这个文化背景中。这个工作，难，实在难。

闻道有先后，术业有专攻，这个活儿要是交给邮票发行团队自己来创作，还真是不知道该从何下手。

旧时梨园行里有句话叫“生旦净末丑，神仙老虎狗”。这句话也被杨导用在了宣传片中，以说明“狗”在民俗之中的历史源长。

南处长颇有些不解：“这句话，似乎不是普通老百姓熟知的谚语，有什么讲究吗？”

杨导解释道：“这句话原意说的是舞台上三种类型的人物：尊贵的龙、威武的虎和忠勇的狗。其实，民间常用‘龙虎狗’来概指事物的多层次、多侧面。三国的时候就有刘备三兄弟被称为龙虎狗。”

众人纷纷露出了然的神态：“这话还真是比较冷门，不过杨导，您知道什么关于狗的故事，也说出来给咱们分享分享吧。”

南处长一拍手：“这个主意好，生肖讲的就是文化，有什么古今中外关于狗的故事，也能启发我们放在宣传当中。”

杨导说道：“故事倒是有，不过都是些民间流传的故事，当当茶余饭后的谈资倒是可以，这个历史真实性，嘿嘿，我就不保证了哦。”

“您就别卖关子了，快说吧！”

“好，这首先一个就从满族人不吃狗肉的故事说起……”

传说这个习俗是从清太祖努尔哈赤时期才有的。努尔哈赤年幼时母亲去世、家道中落，于是投靠到明辽东总兵李成梁部下当差。这李总兵有些将才，为万历皇帝建立了一些军功，久而久之就贵极而骄，奢侈无度，将自己辖区内商民的营收都揽入自己的名下。有一天，他对努尔哈赤说：“你知道我为什么能当上总兵吗？那是因为我脚上长了三颗黑痣，算命之人说了，这可是大富大贵之相。”努尔哈赤听了毫不在意地对李成梁说：“不瞒帅爷，我脚上也长了痣！”李总兵一听，大为好奇，便问：“你脚底也有痣？脱下来我看看！”这一看，李成梁大吃一惊，努尔哈赤脚底所长的居然是七颗大黑痣。按照民间说法，脚踏北斗七星乃帝王之相，李成梁惊出一身冷汗，但他毕竟历练多年，立刻收起脸色，假装什么事也没有发生过，叫退了努尔哈赤。

其实，这老谋深算的李成梁已经动了杀机，他兴冲冲回到寝室，得意地向妻子炫耀，准备明天一早把努尔哈赤押解进京邀功领赏。

可这李成梁的妻子看努尔哈赤平日机灵又踏实，可怜这个青年一旦被送到皇帝手中就命不久矣。于是悄悄跑到门房叫醒努尔哈赤，把实情告诉他，让他深夜逃走，努尔哈赤临走前跪倒在地叩谢说：“他年得志，先敬夫人，再敬父母。”说罢，偷骑了一匹大青马，带着平时豢养的老黄狗，匆匆向长白山驰去。

努尔哈赤跑了一夜，人困马乏，刚准备下马休息，忽听后面人喧马啸，知道追兵快追上来了，他急中生智，藏进了前面的草甸子里。追兵赶到，只见无边无际白茫茫一片，怎么才能找到人？士兵们灵机一动：放火烧了这片草甸子，不就把努尔哈赤烧死了吗？于是，不一会火光四起，浓烟滚滚。这时努尔哈赤已经跑得精疲力竭，躺在草地上不知不觉地睡着了。当他醒来的时候却觉得自己好像躺在了水泊之中，站起来一看，周围的草都已烧光了，只有一只老黄狗累死在身旁。

努尔哈赤这才明白昨夜是黄狗跳到水洼将身子弄湿，再回来将草和衣服弄湿，才保住了自己的性命。他顿时痛哭流涕道：“你救了我的命，我永远不会忘了你的恩，我要叫我的子孙永远不许杀狗、吃狗肉。”

后来努尔哈赤统一了女真，果真实现了当初的诺言，命令女真族人不得杀狗吃狗肉。

故事说完，大家全都听愣了，还是南处长首先回过神来，连连拍着杨导的肩膀：“杨导啊杨导，有机会真要请你来给我们开个专题讲座，把你肚子里的那些故事都跟咱们分享分享！”

“嘿嘿，这些故事啊，就是曲艺杂谈，难登大雅之堂，咱们眼下还是得先说好这生肖的故事啊！”

“哎，可不是，不能因为听故事就把正经事给忘了。刚才的视频短片，大家有什么意见都提提吧！”

大家闻言，这才从精彩的故事中回过神来，纷纷打开了工作簿，把刚才写下的建议翻找出来。

负责工艺的武马说，有一些雕刻线条的画面还不是太清晰，建议换个角度再拍点画面。

负责文案的小路说，有一些属狗的名人咱们还得再次核实确认。

负责网络直播的芳芳说，好像悬念的效果还不够强。

你一言，我一语，杨导很快就记满了一页纸的修改建议——这几乎成了每次制作邮票宣传片的惯例，让每个人从不同角度对宣传片进行点评和提议，确保宣传片没有细节的错误，也能打动普通的集邮爱好者。

却见平时脑子灵活的小吕在一旁不多言语，南处长有些奇怪，就直接问道：“小吕，你可是艺术总监，你从专业的角度说说，这宣传片还有没有什么可以改进的地方？”

小吕面露难色，似乎是有些犹疑：“其实我也说不好，就是觉得，既然这个宣传片要在开机仪式当天播放，而当天的主角是周令钊老师，如果我是当天看直播的普通观众，我会比较想看到一些关于周老师的故事。”

南处长思考了一下，点头说道：“我知道你在担心什么，周老师虽然在美术圈子里名望很高，但是对于普通老百姓来说还不是那么的熟悉，我们的确需要花些笔墨在周老师的介绍上，否则悬念的制造就没有意义了。”

未洋突然接话道：“南处长，周老师好多事迹只要简单一说大家就知道分量了，比如这开国大典时的毛主席画像，还有设计了人人都爱的人民币，咱们把这些事情也放到宣传片里吧。”

“看来确实有必要。咱们整个开机仪式的主题就是围绕着揭晓明年生肖邮票设计者和图稿这两个内容的……”南处长快速在自己的本子上写着什么，一边继续说着：“要不这样，杨导，咱们在宣传片里插入一段画面，告诉大家这位邮票设计者曾经设计过哪些代表着‘国家形象’的重要作品，但却不揭晓设计者的姓名。”

杨导立刻就领会了南处长的意思：“那么这部宣传片就作为开机仪式的先导片，可以在最后以旁白的方式提出疑问，究竟这位生肖邮票的设计者是谁呢，然后画面戛然而止，直到现场活动的主持人当场揭晓设计者的名字。”

“就是这样，这么一来，咱们在网络直播时候的戏剧效果也更好了。不过我们还要补拍一个片子，专门就是讲周老师的故事！”

“这个好办，只是需要你们跟周老师约个时间，咱们上门‘听故事’去！”

“这有什么难，未洋，你跟周家最熟，这事儿就交给你了。咱们这次一定好好讲讲我们的邮票故事！”

第二十二回

北艺专师生结连理　白洋淀彩画传相思

未洋很快就联系好了周老师，与杨导、南处长在约定的时间便登门拜访。

周令钊午睡过后，便穿着一身整齐精神的衬衫正襟危坐在自家的画室里。起先，周令钊还颇有些拘束，在摄影机面前总感到有些不自在。不仅周令钊不自在，未洋和南处长也都有些局促，毕竟这是一次严肃的工作，大家都追求一次达到最好的效果，于是聊天便也成了压力。

好在经验丰富的杨导很快便调整了工作方式，他暂时关了摄影机，主动与周老师聊起了过往的经历。听了杨导走南闯北的故事，周老的回忆被开启了，于是这头一个故事，就要从他的家庭讲起……

清朝末年，周令钊出生于湖南省平江县三市镇托田村的一个富裕之家。周令钊的祖父辈都是在地方司职的官员，家风严格保守。周令钊的母亲家是书香门第，在地方上也是知名的士绅阶层，由于就读于周南女中，周母很早就接触到了进步思想，对于社会上的学生运动很是关注。周令钊就是在这样一个既严肃保守又开放进步的环境中成长起来的，这造就了他后来踏实勤勉的性格与丰富多样的艺术风格。

周令钊原以为自己会一生从事教书育人的平静艺术人生，在遇到他的妻子陈若菊后多了许多传奇色彩。

1949 年的 7 月 1 日，本就是不平凡的一天，天气热得很，虽然还没到小暑，狗儿们就已经伸着舌头躲在树荫凉里，冲着来往的人不停地“哈哈哈”。

在北平东单附近一处古色古香的四合院里，充满着欢声笑语，人们来来往往忙活着什么，脸上带着喜气洋洋的笑容。一位气质不凡的先生笑眯眯地看着院内挂起的彩纸，还有到处贴着的红色的“囍”字。此时，一位沉静优雅的女士走到先生跟前，挽着先生的胳膊说道：“悲鸿，若菊那边已经差不多了，可以开始了。”说话的人便是徐悲鸿的夫人廖静文。

徐悲鸿拂了拂额前的头发，轻点了一下头。他走向对面不远的一位年轻人，30 岁上下，风华正茂，双眼之间掩不住的笑意，嘴唇紧张地抿着，带着一点不好意思。

“小周，别看你平时不修边幅，收拾起来还真是精神。俗话说得好，人逢喜事精神爽。你今天，可是人生中绝顶大的喜事了！”

徐悲鸿口中的小周，就是今天的新郎——周令钊。周令钊憨厚的一笑。

“别紧张！小周，今天是个好日子，六月初六。我看时间也差不多了，咱们开始吧？”

“好的！徐先生。”周令钊目光望向斜对面的房门。

那房门里面走出一位姑娘。她身着白底红花旗袍，端庄秀丽，白里透红的鹅蛋脸上一双温柔聪慧的眼睛，透着青春的气息。姑娘的目光清冽明亮。刚才在院子里忙着的人此时都聚在了旁边。那天参加婚礼的人大多是上了年纪的先生和部分青年师生代表。原来，婚礼当日是中国共产党建党纪念日，年轻些的师生们大多去先农坛听毛主席的报告去了。但在开满鲜花的院子里，每个人的脸上绽满了笑意。证婚人徐悲鸿缓缓地步到花架前，清了清嗓子。

“今日是 7 月 1 日，既为党成立的日子，亦是国立艺专年轻有为之教师周令钊先生及陈若菊女士大喜之日，可谓双喜临门。吾辈今日雅集于敝舍，鲜花围绕，云清气爽，共同见证一对年轻人喜结连理。余与静文也十分高兴，仿若回到年轻之时。令钊小我 24 岁，既是旧友，亦当作姐妹弟兄。在此大喜之日，余祝此二位璧人携手相行、白首不弃、并肩战斗、勇向前行。”说着后边有人捧上来一幅画递给徐悲鸿，站在一旁的廖静文托着一边，徐悲鸿将画打开。

嚯！画面上两匹奔跑的快马。徐悲鸿赠予周令钊和弟子陈若菊。

“令钊，这是悲鸿为你们画的《双马图》，希望你们俩既是师生、战友，又是朋友，更是夫妻，犹如这双马互相扶持、共同进步。”廖静文缓缓道。

周令钊欠身接过《双马图》向徐悲鸿行了个礼，说道：“令钊一定不负徐先生嘱托，照顾好陈若菊，同她共同进步。

周令钊的思绪，随着大家的欢颜笑语回到了第一次见到陈若菊的时候。

1948 年 9 月新学期开学，周令钊到北平国立艺专实用美术系任教，他带的第一个班是三年级，那个班的班代表是陈若菊。陈若菊来得早。

“你是三年级学生？这是实用美术系教室。”

女学生正是陈若菊。河北安新白洋淀边人，1927 年出生于一个书香门第，祖父是清末秀才，父亲是原北京师范大学的中文系教授。从小就受到家庭熏陶的陈若菊素雅端庄。

陈若菊在班里是既用功，成绩又突出的学生。在教学相处中，周

周令钊与陈若菊的结婚照

令钊渐渐对自己的这位女学生暗生情愫。他不知道，他的得意门生也早对这位意气风发、诚恳又睿智的老师产生了崇拜的爱慕之情。周令钊最初为了表示心意，他想送笔给陈若菊，但又不好意思，于是买了一大把笔，送给班里同学每人一支，这样给陈若菊的那支笔也就送出了。

周令钊有设计和绘画任务时，陈若菊就在旁边帮助老师，在周令钊心里，陈若菊不仅仅是一位优秀学生，更是自己的得力助手。陈若菊的努力和灵气、清纯和美丽早已在周令钊心里埋下了种子。

那个年代，没有轰轰烈烈的誓言，更没有死去活来的挣扎，两个人因为艺术相识，因为默契相知。就这样平淡而浪漫地开始了一段师生情缘。初见的那一天，周令钊永远都忘不了。

结婚之后的几年，周令钊因为忙，都没能陪陈若菊回趟河北老家的出生地。他常听陈若菊说起，家乡白洋淀有大片荷花荡和芦苇荡，一到夏天，孩子们划着小船在荷叶中穿梭，摘莲蓬、画荷花，用荷叶做个大帽子挡太阳，这是北方的鱼米之乡。出生于南方的喜欢风景创作的周令钊，出于对爱人出生地的关心好奇、出于一个画家对异地水乡景色的好奇，心向往之。

一天中午，一位老师急忙忙地跑到周令钊的办公室："快！周老师，校，校办找您。""什么事儿？"

"不知道！"还没等周令钊细问，那位老师的声音已经飘远了。周令钊忙站起来收拾了一下，往校办赶。

"周先生，您来了，请坐，有件事情跟您说一声。院里想安排版画系的学生去河北的白洋淀写生，就请您带队，您看有困难吗？"

令钊与若菊

“白洋淀？”这个对周令钊来说熟悉又陌生的地方。

“什么时候启程，多长时间？”周令钊赶忙应下来，这样一来，总算是有机会去陈若菊出生并生活过10年的地方看看了。

回到家里，周令钊就将这个消息告诉了陈若菊，两个人兴奋了一整夜。一个星期以后，周令钊带着版画系的学生到了白洋淀。淀内壕沟纵横、河淀相通、田园交错、水村掩映，淀上波光粼粼、芦苇婆娑、荷香扑鼻。

“好一颗明珠！太美了，以往那么多的语言描述都不及亲眼看到，若菊说得没错，这是一个如此美丽的地方。难怪，也只有这样的地方才能养育出若菊这样聪慧秀美的女孩儿。”看到白洋淀的周令钊由衷地发出一阵感叹。

在白洋淀的这段时间里，周令钊写生了数幅白洋淀水乡题材的画作，一是为给学生作水彩、水粉写生技法示范；二是让多年没回过老家的陈若菊看看如今白洋淀的样子，慰藉妻子幼时记忆中的家乡之情。其中一幅水彩写生《白洋淀端村》弥漫着浓厚的、感人的乡情，端村是若菊外婆的家。凝练的线条，明快的色调，生动地勾勒出白洋淀端村错落有致的农舍、村庄，淀泊里的捕鱼船，形态各异、栩栩如生的鹭鸶，整个画面充满着水乡的生活气息，画中的水分似乎能沁润观者的皮肤、心肺，也承载着周令钊对妻子的爱。

后来这幅画被周令钊捐给了国家，永久保存在中国美术馆。

第二十三回

夫妻同心其利断金　主席画像见证国礼

1949 这一年，注定对于周令钊来说是不平凡的一年。

1949 年 1 月 31 日，平津战役结束，北平宣布和平解放。4 月，人民解放军突破长江防线，终于占领南京。

7 月 7 日，抗战爆发 12 周年纪念这天，北京的大雨哗哗地下个不停，仿佛是上天为过去 12 年中国人民经受的苦难以及为自由牺牲的中国人民而流下的眼泪；也仿佛是想用大雨洗刷这 12 年的屈辱，还中国一个光明而洁净的天空。周令钊和新婚的妻子陈若菊冒雨经过天安门广场，城楼上站满了布置会场的工作人员，大红灯笼由几个工作人员托着，缓缓地升起到指定位置。鲜艳的红旗正一面一面地竖起来。城楼中央悬挂着毛泽东和朱德两位伟人的画像，中间的红色五星光芒闪耀。晚上毛泽东同志要在天安门广场召开会议。

“走吧，令钊。” 周令钊伫立良久，陈若菊挽起先生的胳膊。

这对刚刚结婚不到一周的伉俪也许并未曾想到，两个月后，他们会接到一个与天安门广场有关的重要任务。

9 月的北京，银杏叶开始由绿转黄，一阵风吹来，偶尔有树叶飘落。

徐悲鸿办公室里传来“笃笃”的敲门声。“请进！”徐悲鸿大声道。

“校长，有位客人找您。”一位年轻的教师轻轻推开门，后面跟着一位高个子，脸四四方方，头发侧分的人。此人笑眯眯地走到徐悲鸿的办公桌跟前，一双大手有力地握住徐悲鸿。用浓重的山东腔道：“徐悲鸿同志，你好！咱们又见面啦！”来人正是外交部礼宾司的司长——王拓。

“王拓同志，你好！你今天怎么有时间来艺专？是有什么重要的事情吗？”徐悲鸿一边说，一边拉开凳子请王拓坐下来。

“我是无事不登三宝殿。”王拓始终面带着笑容。

“哦？什么重要的事情，你请讲。”徐悲鸿起身给王拓倒茶。

“悲鸿先生，你知道，10 月 1 日，毛主席要在天安门城楼上召开重要大会。”

“这个我当然知道，对我们国家来说，这是一等一的大事。”徐悲鸿将茶杯放到王拓面前。

“当天天安门城楼上要悬挂一张毛主席的画像。经过讨论，给主席画像的任务就交给你们艺专了。”王拓将任务和盘托出。

“给主席画像？行，我和江丰同志商量一下。人定下来我就让他联系你。”徐悲鸿心里其实早有人选，但是这么重要的工作，慎重考虑，还要和江丰同志一起商量。

“好！我等着你的好消息！”说着王拓拿起茶杯抿了一口茶。

“照片就由你们自己来定吧。哦！对，国共和谈咱们艺专的那位周老师给主席画的像得到了中央领导的好评。”王拓道。

“您和我想到一起去了，只是这主席像由我们来定？”

“我们会给你提供一些参考，具体选哪张，由画家自己说了算。你看行吗？”

“好的！王拓同志。”

徐悲鸿将王拓送到校门口，站了一会，便大步向艺专党委书记江丰同志的办公室走去。

江丰也完全同意徐悲鸿的意见——就由周令钊担纲此次任务。

周令钊刚刚下课，仍有学生围着他，请他看看这几天的写生。有一位年轻的老师轻轻敲了敲敞着的教室门。

周令钊回过头来。

“周先生，徐校长找您，就在您办公室，请您快点过去。”年轻老师说道。

“好，我马上就来。”周令钊回头继续看作业。“哦，对了，什么事情？”周令钊像想起了什么问道。

“好像是很重要的事情，请您快来。”年轻教师没有等周令钊再说什么，拉起周令钊就走。

周令钊走进办公室就见徐悲鸿和江丰笑眯眯地谈着什么，见他进来招呼周令钊坐下。

“周老师，请坐。”徐悲鸿轻轻地将门关上。“你知道10月1日，毛主席要在天安门城楼上召开一个重要的庆典。刚才王拓司长来找我，说天安门城楼上需要一幅巨幅毛主席画像。我和江丰同志商量，这次重要的任务就交给周老师。”

“让我给毛主席画像？”周令钊有些惊讶。

“对！周老师，4月份那次国共和谈，你给主席画的像得到盛赞，所以这次还是由你来完成这个任务！但是时间不多，要抓紧。”江丰握住周令钊的手道，“这是国家交给你的重要任务，更是对你的信任！”

“这……行，校长、书记，我一定完成任务。只是这时间紧张，我需要一个助手来帮助我。”周令钊算是接下了任务。

“你要谁，随你挑，我来协调。需要什么帮助你也尽管开口，学校给你提供条件。”徐悲鸿的爽快给周令钊吃了一颗定心丸。

“是我的爱人陈若菊。在前几次的设计任务中她都与我配合默契。”周令钊想了想说道。当时陈若菊还是四年级学生。

“可以，周令钊老师，那你准备一下，晚上回去和陈若菊同志商量一下，明天你们就开始工作吧。”徐悲鸿握住周令钊的手。

“好，那我回去准备一下。”周令钊转身离开。

回到家时，天色已经有些暗。

“今天徐先生和江丰同志找我谈话，说中央下了一个重要的任务。为毛主席画像！”

“你 4 月份时不是已经为主席画过画像了吗？我相信你肯定行。”

“但是，若菊，你知道这画像用在哪里？”

“难道是 9 月底的政协会议？”陈若菊实在猜不到。

“10 月 1 日天安门的大会上！我向徐校长申请由你来做我的助手。”

“时间紧张，明天咱俩就要去天安门做画像的准备工作了，今天我去实地考察了一下。有几个事情想同你商量。”周令钊从包里拿出一沓照片。

“这第一件事，就是用哪张照片。这些都是中央提供的主席照片。按理说 10 月 1 日的大会算是开国第一次大会，是非常重要的场合，要表现出毛主席的精神和气质。我是这样想的，毛主席不仅是一位革命家，更是一位诗人，是具有浪漫主义情怀的诗人革命家。他靠着自己对社会主义对共产主义的信仰和乐观的心态带领着全国人民迎来了胜利和自由。所以我还是想选郑景康拍摄的这张延安时期的毛主席像。你看怎么样？”周令钊拿出一张毛泽东同志带着八角帽、脸部略扬，笑得很慈祥的照片放在陈若菊面前。

“我同意，令钊。”陈若菊兴奋地看着周令钊。

“好！就这样定了。这第二件事，就是画在什么材料上？”

“画油画像要在画布上画吧？有这么大的画布吗？”陈若菊问。

“画布不够大可以拼接，但我们应考虑画像要放在室外多日，经日晒、雨淋，秋风虽能送爽，但我还担心画布因风而动，影响画像的视觉效果。因此我打算这次我们用马口铁替代画布，这种材料可以防止腐蚀与生锈，并且平整，风吹不动。”周令钊回应。当然，只一张铁皮是不行的，他们请木工用结实的木方钉了画框，再把铁皮密实地钉在木方上，之后又涂上所需的底色，画框万无一失地完成了，可以开始创作了。

第三件事，是怎么画？

“可是令钊，那么大的画，难度可是挺大的，怎么往这么大的画板上作画呀？”陈若菊担心。

“照片小，画板大。咱们要用打格放大的办法画。这也是你这次要学习的新课题。”周令钊回应着。

当时中央提供的主席照片大概也就是 7-8 英寸大小的黑白照片，那时没有彩色照。放大之前按主席像构图需要在照片上用铅笔分为上百个正方形小格，周令钊又把分过格的照片放大画了一张高约 50 厘米、宽约 38 厘米的色彩稿，并把色彩稿也分为与照片同等数量的格子。画板太大，没有那么长的尺子，就在马口铁钉制的画板上用过去裁缝用的弹线法将粉线袋里的色粉末按比例放大弹出与照片相同数量的正方形格子，这之后就是要把每一个方格中的形和色画准，并赋予生命力。再之后，每画一段时间就爬下脚手架走到远处观看画像的整体效果。那时没有作画用的升降机，画好一张画像要数百次上下脚手架，但他们也不觉疲累。因为周令钊他们为之奋斗数年的国家解放了。

“你怎么知道这种放大方法呀？”若菊问。

“在抗战期间的大壁画、舞台美术设计制作时用过这种放大法，画大型戏剧、电影、商业广告时也用过这种放大法。”周令钊答道。若菊记得，在此次之前的几次迎接解放的设计任务中，没有什么事能难倒周先生，如布置北京六国饭店“国共和平谈判”会场、布置“新民主主义青年团第一次全国代表大会”会场、布置“全国学联第一次代表大会”会场等，他每次都能带领实用美术系的学生们出色地完成组织上交给的任务。若菊简直对老师兼爱人的周令钊佩服得五体投地。

第四件事，是在哪儿画？

“画像高 6 米、宽 4.6 米，太大、太重，需要大画室，需要画像进出的大门，还需要运输画像的大车，刚开国，困难多，一切要尽量因陋就简。我已做了考察，决定就在天安门城楼上大殿外的东墙根处搭两层脚手架作画。”周令钊说。

画板做好了，工人们按周令钊的要求搭起了脚手架，并将画板立起来和脚手架固定在一起。准备工作很快完毕。主席像油画创作正式开始了。

两个人每天从天放亮就来到天安门，日头上到正中了就吃点带来的烧饼、咸菜或咸蛋，吃完再攀上架子画。直到天慢慢暗了，看不清楚颜色了才回家。

转眼间北京进入了秋季，9 月几乎到了最后一天，画像终于完成了。周令钊和陈若菊终于松了一口气，总算是完成了国家交给的任务。

30 号这天一早，两个人还在对着画稿一点点地查对。一个学生一路小跑来到脚手架旁，手圈成喇叭形状仰头对着周令钊喊：“周先生，快下来。聂市长来了，要看看主席像。已经往这边来了。”

聂荣臻来到主席像跟前，站远走近地来回看了好几遍。

“好！周老师，画得好。画得像啊！这把意气风发的胜利的表情和神态表现出来了，把主席那股诗人气质刻画得很到位啊！谢谢你们，周老师。”

“只是，周老师，开国大典是一个庄重的场合。所以，风纪扣我个人认为还是扣起来好些。你觉得呢？还有时间改吗？”聂荣臻笑眯眯地问。

“聂市长，可以改。我们马上修改。”周令钊一点都没迟疑，带着陈若菊再一次攀上脚手架。扣子从敞开到扣上，天色也由白转暗。周令钊和陈若菊简单收拾了一下东西，又看了几遍才放心地回家。

二人憧憬着明天开国大典顺利举行。

刚合上眼皮。就听一阵急促的敲门声：“周老师，周老师！快开门。”

陈若菊披上衣服开了门：“怎么了？有什么事儿吗？”

“抱歉！还得请周老师去一趟天安门，上级领导看了画像，经过研究决定将原定画像下面的‘为人民服务’5个字去掉。”

陈若菊急忙忙转头去叫周令钊。

“领导叫了一辆车让我们接周老师。我在外面车里等。”说完来人便将门轻轻合上转身出去了。

“多穿点，夜深了，外面凉。”陈若菊给周令钊拿了一件厚衣服。到了天安门，几台大聚光灯已经打开了，照着已经挂在天安门城楼的毛主席像。周令钊拎着油画桶爬上事先用两个梯子接在一起的摇摇晃晃的有6米多高的长梯架，将几个字一点点涂掉，为了看起来天衣无缝，周令钊先试试颜色，颜色不对再下来调配，直到与衣服的颜色一样，一层层加厚盖住几个大字。梯子窄，但画面宽4米多，周令钊只能反复上下多次移动梯子进行修改，改完时，天已经亮了。

我为主席画像

周令钊和陈若菊站在广场的东侧北平国立艺专的队伍中，看着第一面五星红旗缓缓升起，听到熟悉而有力的乡音宣布着“中华人民共和国成立了”。周令钊握着妻子的手重重地抖了两下。陈若菊也紧握着爱人的手回应，四行热泪在闪闪发光的主席像映衬下，升腾起自豪和光荣。

第二十四回

犬守平安票含美意　家和业兴图寓吉祥

2017 年 8 月 2 日，是中国邮政集邮周的第 5 天，正是《戊戌年》邮票开机仪式的这天。

陈龙前一晚并没有睡好，策划了整整一年的活动，今天算是期中考试了，他有些紧张。虽然生肖邮票的开机仪式已经是第三年，大家早已经是轻车熟路，但是对于生肖团队来说，每年都有牵肠挂肚的理由和情愫。周老已经是 98 岁高龄，他今年的出席无疑是对中国邮政最大的支持。为了保证周老的安全和方便，陈龙和南处长商量，要不要去接一下老先生。于是南处长贴心地安排了印制局最大的一辆车和一个熟悉周老的人去接老先生。“一切顺利！”陈龙出门前在镜子里给自己打打气。

尹虎昨晚睡得很香。历时一年的任务今天算是完成了。这一年里，他反复地与周令钊和周容两位老师沟通、修改，交稿后在电脑里修修整整，再细小的改动都是由尹虎亲自上阵。参与雕刻评审、修改；一个红色油墨就让他彻夜难眠想解决办法。邮票终于开机印刷，陈龙对他的“折磨”也暂时告一段落了。这一天，尹虎也起得很早，换上一件相对正式的衬衫，去邮票厂再看看机器情况。

南处长，没有睡好。他负责开机仪式的大小细节。从联系媒体到与周容沟通讲话稿；从收藏证书到画框制作；从直播平台的测试到现场的准备。活动顺利与否，南处长每一根神经都紧紧绷着。

小吕睡得还不错，自他从湖南交流回来每天都像是打仗一般，所以每天回到家恨不能倒头就睡。他踏实地睡了个好觉。今天的活动对于他来说并不太复杂，他装好相机，准备今天要拍一些平时人们见不到的开机仪式照片。

未洋很早就睡了，对她来说明天的任务很重要，她就是南处长安排去接周老的人。这是一个光荣的任务，只要平安地把周老和周容老师接到邮票厂，就算是圆满完成了。所以她必须早些睡觉保证明天头脑清晰。

周令钊睡得很好，他问了几遍“明天就是开机仪式吧？咱们几点出发？”

女儿周容总是耐心回答：“是啊，爸爸，明天开机仪式，未洋发消息说下午 2:20 从家里出发，我估计你没有时间午睡了。所以你早些睡。”

“那明天不要叫我了，我多睡会儿吧。”周令钊向女儿“申请”道。

“那也不能起得太晚了，您不吃早饭啦？”周容总不能太纵容父亲，父亲的健康是周容最在意的。

今天一早，周容没有叫醒父亲，任他睡了一个饱饱的“懒觉”。8 点多周容轻轻走进周令钊的房间，又轻手轻脚地将窗帘打开。窗外的两只喜鹊站在树杈上，叽叽喳喳、交头接耳。

一只问：“今天是生肖邮票的开机仪式吗？”

“可不，就今天啊，平时老先生早就起了，今天怎么倒睡起懒觉了？”

“让他多睡会儿，他年纪这么大了，得多积蓄些精力。咱们到那边儿去聊吧。”

“好！我觉得今天有雨，希望开机仪式前可别下。”

两只喜鹊扑棱棱飞走了。

阳光不刺眼，天上云层有些厚。周老慢慢睁开眼睛，在床上躺了一小会儿。

“爸爸，醒了？”周容将门打开一条缝，探头进来看看父亲。

“嗯，再躺会儿吧。”周令钊扭头向女儿道。

“好！躺一会儿就起来吧。我去准备早餐了。”周容轻轻关上门。

邮票厂里，又跟过年似的。红地毯、大海报、滚动屏、穿戴整齐划一的工作人员、忙忙碌碌的保洁员。对于已经承办了 2 年生肖开机仪式的北京邮票厂来说，这些准备工作确实已经轻车熟路，但是每个细节却一点都不能马虎。

马局长一早就将负责活动的两位办公室主任叫到一起，询问了大致的准备情况，便去了车间，检查机器的运行状况。

“马局长，您来了？”胶雕机长问道。

“机器怎么样？今天还行吗？今儿可是个大日子。盯紧了啊，机器可不能趴活儿。”马局长最怕的就是这台超期服役的“老马”闹脾气。

“得嘞！您放心，昨天都检查了一遍。刚才试了一下，还行。”机长是位老北京，说话爽快。

马局长见尹虎趴在看样台。

“怎么样尹虎，今年打样情况怎么样？”马局长走到看样台旁边。

“说实话，真不错！今年的雕刻墨也好，亮！”说着尹虎将印刷样递给马局长。马局长在放大镜下一看，果然，黑色的雕刻线条根根力挺，闪闪发光，将狗衬托得更加英武威猛。

“嗯，确实。要不怎么跟陈龙交代。他天天盯着我生肖打样的情况。”说着马局长走到胶雕机旁边，轻轻拍了拍机器，心里说道：“老雕啊老雕，你今儿可得给力呀！”

日头已经到了正中，没有一点下雨的迹象。未洋心中窃喜，抓紧给车队姜师傅打了个电话：“姜师傅，准备好了吗？咱们出发吧！”

“好嘞，未洋，一会儿见。”姜师傅放下电话又啃了两口馒头，就了口水便出门了。

路上有些堵，车尾连着车头，车头顶着车尾。用了一个小时才终于到了周令钊家。

未洋不敢按门铃，怕吵到周老休息，便给周容发了一个微信。不一会儿阿姨出来将未洋接了进来。未洋轻手蹑脚，向周容打了个招呼。

屋里异常的安静，与生肖团队拜访时的热闹完全不同。

“周老师，您好。周老醒了吗？还有时间，还可以再睡会。”未洋压低声音。

“没有，今天就没有让他睡。稍等一下，他在屋里洗个脸换件衣服就出来。”周容收拾着一会儿准备带的东西。未洋看到洗手间门口放着周老平时常用的助步器，把手上搭着一件衣服。不一会儿窸窸窣窣的水流声停下来。

“周老师，讲话稿您看了吗？”南处长早早与未洋布置了几个作业，未洋不敢放松，提醒周容老师。

“我修改了一点儿，一会儿车上再看看。”周容将打印稿装到包里。

“您上次让我提醒您带画册来着。”未洋拿着小本子逐条与周容确认。

“哎哟，你不说我就忘了，这两天总有人来，太忙了。我去拿！”

周容一拍脑门儿，抓起钥匙带着阿姨去拿画册。

周令钊扶着助行器一步一步地从屋里出来，然后缓慢地试探着坐在自己惯常坐的椅子上。

“未洋，你帮我照顾一下爸爸，我们马上回来。”周容交代了一句便出门了。

“哦，好。”未洋看看周老，眯起眼睛傻笑一声，又觉得干坐在这里只傻笑引起周老注意也尴尬，总想活跃下气氛。

“周老，我一直想请教，您今年画的狗跟第一轮的狗票感觉不一样了。”

“是啊，第一轮完全是装饰，这一套要求写实加装饰了嘛。”周老简短地回答。

“不止是手法和风格，其他的也不同了。您画的还是当年那只小狗吗？”未洋自觉有些难为这位 98 岁的老人，刚想换个话题。

“我当时画的那只小黑狗，它还小，所以昂首挺立的，很精神，有种初生牛犊不怕虎的感觉。现在长大了啊，所以你看明年的生肖邮票第一枚它很威猛，有责任了嘛！”周老开始讲述。

“这第二枚的大狗为什么就不厉害了呢？它眼睛里有温情，因为跟小狗在一起了嘛！对待家人需要的是温情而不是威猛。”周令钊说出了自己的想法。

“原来您是这样想的，我还是第一次听您说。”未洋想，也许这就是 36 年之后一位设计者的不同心境吧。

“所以 1982 年的小狗昂首挺立，初生牛犊嘛，而明年的生肖邮票第一枚威猛谨慎，第二枚的狗妈妈在舔犊很温情。”未洋理解了周老的话。

“对！”

“您1982年设计生肖邮票的时候就去过邮票厂吗？”未洋很好奇。

“那个时候我经常去邮票厂的，我上世纪50年代初期就是你们那儿的顾问，我也设计过几套邮票呀，后来又做过评委，所以这不是第一次了。虽然我已经很久没去但是还记得那时候的样子。”周令钊回忆起过去设计邮票的时光。

“因为我是你们那儿的顾问，开国伊始，你们设计部门也需要人手，所以后来我就把我们的学生也介绍过去了。”

“那你知道谁是我介绍过去的吗？”周令钊眼睛中闪现出一种孩子般的调皮，仿佛在说：“考考你哦”。

“我当然知道，有卢天骄、刘硕仁两位老师。您说过啊。”未洋一点没有给周令钊骄傲的机会。老人家便又问：“还有一位呢！你肯定不知道。”

“啊？还有一位，那我可真不知道了。”未洋顿时偃旗息鼓。

“邵柏林你认识吗？你年龄小。”周令钊脱口而出。

“啊？连邵老师都是您……”未洋怎么会不知道大名鼎鼎的邵老师，他在邮票设计界可算是一个高峰了。

“那当然，他是我的学生。”未洋突然觉得眼前这位98岁的老人不是他想象中的老头儿，他有自己的思想，即使到了98岁仍然很活跃；他有自己的个性，即使被生活磨成了圆，但仍有自己的坚持与见地。一位可爱的老头儿！“后来我在版画系时又介绍了邹建军和任宇两个女同学过去。”周老继续回忆着。

“哎呀，不好意思，画册拿来了。”周容开门进来。

未洋看了一眼表：“咱们该走了，周老师。”

“好，好。现在就出发。”周容检查了一遍要带的东西。

此时，周老已经开始试着自己慢慢地从椅子上起身。

三人见了忙去扶。

周令钊由女儿和阿姨扶着出了门，慢慢坐上轮椅。又从轮椅上下来，扶着扶手走下近 10 级台阶，再重重地坐回到轮椅上。

车从周家出来，走了没多远车玻璃上的水点由一个两个变成慢慢地聚成一条条线流下去。

“哟，怎么下起雨来了。”周容看向窗外。

因为下雨的原因，路上的车开始放慢速度，未洋抬手看看表，时间已经很紧张了。

“前面堵车了。”姜师傅说了句。

这句话把未洋的心彻底拎到了嗓子眼儿。她双手握紧，不停地看表，心里已经装不下其他的事儿了。南处长交代，要在规定时间赶到会场，不能迟到。未洋百爪挠心。

车流已经变成一条线，尾灯将暗下来的天色染成红色。车慢慢地一点点前挪，雨越下越大，由“如豆”到了“瓢泼”又到“如注”。

“走通惠河，再从通惠河到两广路，可能会好走些。”未洋打开地图，实时路况显示大片红色。前面偶尔有车不知是打滑还是紧张，横在路中间，缓慢调转着方向，喇叭响成一片。

“下这么大的雨，一会儿开机仪式可怎么办？”姜师傅担心周老不能淋雨。

未洋的电话响了起来。

“未洋，走到哪儿了？”南处长关心道。

“已经在往两广路上拐了，南处长我们一会儿要把车停到后面院子里吗？”未洋明显感觉到南处长有些迟疑。

“不停院子里，停在前面大厅！”未洋诧异，这么大的雨，停在大厅方便吗？此时许主任的电话也打了进来。

“走到哪儿了？未洋。两广路？好！快了。快到时跟我说一声。”

姜师傅看出此时未洋的担心，便一路紧赶慢赶。当南处长的第二个电话打进来时，车子已经行驶到了前门南边的路口，中国集邮总公司的所在地。雨开始渐渐小了，行驶到宣武门时已然是一片艳阳天了。

“这边一滴雨都没有。”周令钊笑眯眯地道，手指轻轻敲打着座位，发出“哒哒”的声音，脸上依是从容。

“还真是的，天公作美，让我们好好开机。”大家悬着的心终于放下了。周令钊一路上没怎么说话，车子缓缓拐弯。

“陶然亭。”他终于说道。

“您还记得？”周容给周令钊整理了一下衣服。

“我以前常来，不远了，马上到了。”周令钊显得有些兴奋。

车子缓缓开进邮票厂的大门。

沿路一排工作人员，向周令钊的车摆手打着招呼。周令钊微笑着回应。他抬头看了看高耸的邮票厂，与几十年前印象中的邮票厂已是两个天地。

走在前面的是中国邮政集团公司的总经理李国华、副总经理李丕征以及陈龙。车门打开，周令钊费力地将一只脚先迈出来，等在旁边的工作人员赶紧上来将周令钊搀到轮椅上，慢慢地推到休息室。

周令钊的出现引起大家的鼓掌，这是事先没有排练的，还有人大声喊着：“周老师！周老师！欢迎您回来！”

周令钊笑着摆手向大家打着招呼。

时间一点点接近 16 点，南处长敲了敲休息室的门：“周老，各位领导，时间快到了，咱们到会场去吧。”

邮票厂的后花园像平时一样绿树成荫。小桥流水别有一番景致。周令钊一路看着旁边的景色，灰白色的车间楼，整齐停放的叉车，高高堆起的纸箱，明亮干净的窗户和玻璃门，干净宽阔的道路，此时几十年前的回忆一起涌入脑海。那时的邮票厂现在已经变成了现代化的印刷企业。

走入会场的一瞬间，车间早已站满了人，工人师傅们静静地等在印刷机旁边。看到周令钊坐着轮椅出现，在场的所有人自发地欢呼起来，鼓掌声起起伏伏。

“周老师！周老师！”

“周令钊老师，欢迎您！”

后面有印制局的雕刻师们摇动着手中的牌子，有“周令钊老师，我们爱您！”

“戊戌狗票 邮情邮意”

“36 年再续生肖缘”

“欢迎周令钊老师”

“钊爷泼墨绘兴‘汪’ 全国人民同吉祥”

“令钊萌萌哒 狗票棒棒哒”

“三十六年一回首 令钊又画一神狗”

在掌声中，主持人陈铎缓缓开口：“尊敬的各位来宾，各位领导，大家下午好。非常高兴来到邮票印制局，来主持这样的一个活动。这对于我近 60 年的电视生涯来说，创造了好几个第一。第一次来到邮票印制局这样一个印刷车间；第一次在印刷车间主持仪式。”

“今天我们大家都很高兴，从刚才的掌声欢呼声中就可以感受到。因为今天我们终于见到我们熟悉或者说并不陌生的画家、老艺术家了。他就是今天为我们设计了《戊戌年》特种邮票的大师——周令钊。在上世纪有几大热：集邮热、摄影热、旅游热。好像人们觉得现在集邮的人少了，还能热吗？通过我们今天开机仪式网络直播的参与量就可

周老师与主持人陈铎

知了。前段时间我出国参加一个活动，就把咱们不久前发行的《长江》邮票赠送给了外国友人，他们很喜欢，邮票不同于招贴画，它具有观赏功能、收藏功能，同时也具有实用功能。而中国的邮票在世界邮票中也占有非常特别的地位。现在要送给外国朋友代表中国特色的礼物，带一个瓷器又重又容易破碎，但是你带一本邮册，他们打开时那赞叹之心溢于言表。对于我们这个年龄的人来说，以前都是写信，信写好了，专门跑到邮局去买好邮票，回来郑重地贴好，再小心翼翼地塞进邮筒里。每一张邮票都承载着我们对家人、朋友、老师的思念，可以说有很重的分量。那时候也都是靠“绿衣人”——邮政人来一封一封地递送到思念的那一头去。所以今天能来到这样一个曾经对我来说很神秘的地方，我个人也是很兴奋的。接下来，咱们话归正题，下面请大家先看一个短片。”

屏幕缓缓亮起，清晨的鸟鸣叫醒了各个城市的人们。从南到北，不同口音、不同地域的人们诉说着自己与邮票的渊源。从老到少，不同音调，或沧桑、或稚嫩诉说着自己对邮票的喜爱。这段视频让在场的很多人看得鼻子都酸了。原来邮票和邮政一直都在人们生活的每一个角落，每一段记忆中。人们诉说着对生肖狗的理解，对狗这种动物从古至今那忠诚、可靠的印象。畅想《戊戌年》生肖邮票由谁来担纲设计。

“通过刚才的短片，我们已经对第四轮生肖邮票有了一个大致的了解。”陈铎的声音将包括周令钊在内的很多人的思绪拉回到现场。

“对于生肖邮票的设计，贵在神韵。可以说生肖邮票的设计者是高手如云。黄永玉、张仃都曾是设计者。我想很多人也都想与我们一起见证生肖狗邮票开机仪式的整个过程。下面我就向大家隆重地介绍今天到场的领导和嘉宾。首先就是我们的设计大家，德高望重的泰斗——周令钊先生。中国邮政集团公司总经理——李国华先生；中国邮政集团公司总经理——李丕征先生…… ”陈铎依次介绍了每一位嘉宾和现场的媒体。

下一个环节，便是李丕征副总经理的致辞了。温文儒雅的李丕征走上台，面带微笑，向周令钊、周容及其他的来宾问好。

“生肖邮票是中国邮政发行的邮票中最受欢迎的题材之一，历来成为传播生肖文化的重要载体。每套生肖邮票，中国邮政生肖团队都坚持提前一年以上的时间开始策划，为邮票设计和印制留出足够时间来精心打磨，以最审慎的态度对待每一个细节。力争做出老百姓喜欢、邮迷欣赏的邮票艺术精品，不断诠释源自邮票的工匠精神。《戊戌年》邮票特别邀请周令钊先生担纲设计。周令钊先生是中国当代极具影响力的设计家。周先生的佳作数不胜数，他曾经主笔绘制了 1949 年开国大典城楼上的毛主席画像，参与或主导了国徽、政协会徽、少先队队旗、第二、三、四套人民币、团旗、解放军三大勋章等各类国家形象设计，并深入生活创作了大量体现祖国美好河山和美好人民劳作生活的美术作品。周令钊先生与邮票工作结缘是从上世纪 50 年代开始，从挥斥方遒的青年才俊，如今已是年近百岁的鲐背老人。周令钊老师在 98 岁高龄时又创作生肖邮票，也可以称作中国邮票发行史上的奇迹。据我们了解，这在世界邮票发行史上也是唯一的。在这里，我代表中国邮政集团公司以及李国华总经理。向周令钊老先生表示诚挚的敬意和衷心的感谢！”

周令钊在掌声中再次挥手致意。人们的鼓掌声更加的火热，李丕征站在台上微笑着注视这位老人。

“此次《戊戌年》生肖邮票延续了第四轮生肖邮票整体的艺术风格，采用了写实 + 装饰的创作手法，延续第四轮整体‘合家欢’的气氛。第一图名曰‘犬守平安’，公犬昂首挺胸，目光炯炯有神，瞪视前方；

两只耳朵机警地竖立着，两条后腿有力地后蹬，仿佛随时能够离地飞奔、抵御外敌、守护家宅。第二图名为‘家和业兴’，棕色母犬展现了母爱，低头亲吻一只幼崽；黑色小狗昂头挺立，像幼童学步一般努力挺直身躯，眼里活灵活现地透出幼稚胆怯。二犬相依，舐犊情深，寓意家业兴旺。三只狗的形象都源自于中华田园犬，两图相连，预示着家的平安和睦与国的兴旺富强。第四轮生肖狗年邮票，以小见大，祈愿华夏神州大地国泰民安，繁荣富强。这套邮票采用了胶雕套印的印刷工艺。由年轻雕刻师原艺珊、刘明慧合作雕刻。有了大师的设计、专业的雕刻、顶级的印刷设备三大加持，相信能够成为生肖邮票中的又一佳作。下面，我也在这里郑重地公布一下，《戊戌年》生肖邮票也将是已经发行的第四轮生肖邮票中发行量最低的。在此也祝我们的周令钊老师身体健康、艺术长青！”

听到发行量降低这个好消息，大家鼓掌更起劲儿了。

“下面我们欢迎周令钊老先生给大家讲话。”陈铎借机将周令钊请上台来。

“各位领导、来宾、网友朋友们，大家好！我是周令钊，欢迎大家一同见证《戊戌年》邮票开机印刷。下面由我的女儿代我致辞！”周令钊接过话筒从容缓慢地向大家问好，将“代我致辞”四个字特意拉长。站在后面的工作人员看到这样一位老人仍矍铄、坚定，不禁眼眶一湿，回过头来对着未洋说：“看到周老说话，也不知怎么的，还真特别感动。我们太喜欢周老师了。”未洋将纸巾递给同事，这也是未洋想说的话。

在与周令钊接触的这一年中，有太多让人眼眶湿润的情节了。她从未见过一位年近百岁的老人还能拿起画笔，还能思想敏捷地开玩笑。就连她最喜欢的白石老爷爷也只是到了 95 岁而已。

可爱的周令钊老师

掌声经久不衰，周容走上台：“尊敬的李国华总经理，各位来宾，各位新闻媒体的朋友们，大家下午好！很高兴今天能来到这个特别的场地参加《戊戌年》特种邮票印刷开机仪式。”

周容以往淡定从容的面庞此刻显得有些激动，她小心翼翼地翻动着手中事先准备好的稿纸。

“36 年前，我父亲也为中国邮政画过一次生肖狗邮票。小狗原型是 90 多年前父亲家养的一只小黑狗，当时父亲也才六七岁，每次他从家去县城途中的一个山坡都会遇到一只特别凶的大黄狗，这只小黑狗就会竖起毛来瞪视那只大黄狗，并把父亲一直送过那个坡。数年后我父亲到了陶瓷厂，烧制了一批瓷盘和瓷板，上面就是这只壬戌小黑狗的形象，也就是后来第一次出现在邮票画面上的生肖狗形象。”

照相机的咔嚓声不时在场地中响起，所有人安静地听着周容分享周令钊的故事，而老人一脸笑容地环视周遭，好像还在回忆这个陌生而又熟悉的印制厂。

“这次邮政的人跟我们说第四轮邮票要保持写实加装饰的创作手法，并且要创作两枚邮票，要体现出家的概念，所以这一次除了一只站立的白底黑斑的公狗形象，我父亲还创作了一只母狗和小黑狗相互依偎的造型。第一只公狗整体显得比较机警与担当，恪尽职守，体现出看家护院的责任，其实也是和父亲记忆中的家里那只小黑狗的形象十分类似，而第二图的两只狗，母慈子壮，有一种温馨和温情的感觉，也是今天我们的老百姓生活富足以后对于情感诉求的一种体现。明年邮票发行之后，我父亲就是 99 岁高龄了，用中国人传统的计龄方式，就是 100 岁了。能够用给所有中国人带来一枚象征着中国文化的生肖邮票这样的方式来庆祝国人的新年，迎接自己的 100 岁，对我们一家人来说，是一个美好的纪念。也预祝生肖邮票的印制、发行一切顺利，祝福大家都能平安、兴旺、健康、长寿。谢谢大家！”

周令钊微笑着看着女儿代他致辞，听到最后女儿对大家的祝福，周令钊情不自禁地冲着走向自己的女儿点点头，他挥舞了一下手掌，似乎是要给女儿鼓励。

“周老在艺术界有着很高的声誉，大家知道新中国成立后许多有关国家形象的重要的标志都是周老设计或参与设计的。明年生肖狗票发行的时候，周老就到了一百虚岁了，可以说是真正的世纪老人了呀！刚才朋友们都在祝愿周老长寿、健康。”随着陈铎的介绍，周令钊再次回头向大家表示感谢、致意，周老的每一次回头都会引起现场工作人员的欢呼。

“中国邮政也有着 120 年的历史了。周老与中国邮政的合作可谓是把中国百年记忆浓缩在小小邮票里，这枚邮票的分量可想而知。下面就由周令钊先生向李国华先生赠送邮票原稿。”

周令钊被缓缓推上台，在工作人员的帮助下，将邮票图稿郑重地放到李国华总经理手中。两人紧握双手，交接成功。李国华总经理也将早已准备好的收藏证书交到周令钊手中。两人一起认真地在邮票图样上签署了自己的名字，周令钊认真低头看了看邮票样，高兴地将它举到胸前。与李国华总经理一起将这个珍贵的瞬间留存下来。

当二位见证者同时按下印刷机按钮，机器发出呜呜的轰鸣声，几秒钟的时间，邮票图稿从机器的这一端缓缓送出，大红的底色上一只机警站立的雄犬，更显得英姿飒爽。

周令钊看着自己的图稿从一张白纸到变成邮票。他双手合握放在胸前。

“下面我宣布，《戊戌年》邮票开机仪式圆满结束，感谢大家！”陈铎宣布开机仪式的完成。大家涌上前来，簇拥着周令钊和陈铎拍照，

签样

难忘的瞬间

这两位老人，加起来年龄也到了 170 多，仍活跃在自己擅长的领域，不能不说对大家是一种鼓舞。

仪式结束了，人们还围绕在车间久久不愿离去。周令钊被工作人员推着在每一层印刷车间走走看看。车间里机器轰鸣，周令钊看得兴致勃勃。未洋跟在后面，这是陈龙交代的重要任务。未洋见周令钊向她举了举手，赶紧迎上去。

“怎么，周老？这里声音大，您耳朵受得了吗？”未洋关切道。

“不吵，印刷机的声音没关系，我能听得到你们说话，在耳朵边喊我反而听不到了。”周令钊笑笑。

“刚才那位小伙子，浓眉大眼的，我怎么看着眼熟，是谁？”周令钊指了指旁边一位年轻人。

“周老，那是武马，您忘了，头两次去您家，他就在场。”未洋回答。

“哦，我说呢！”周令钊点点头，再次冲武马微笑。

站在一边的未洋想笑，周老的耳朵确实灵通，哪里像 98 岁的老人。

那边，陈龙独自接受媒体的采访。

天色已晚，工作人员们与周令钊一家简单地吃了一顿饭。饭桌上，周令钊仍旧不怎么说话，看着身边来来去去的人，聊天、说笑。

陈龙马上要出差，只能与周令钊草草道了声谢，便急匆匆赶车去了。周容坐到周令钊身边。

“我父亲的胃口好得很，你要是不限制他，他能吃好多。可是他血糖高，又不能不节制。得让人看着。”说着周容夹了几个清淡的菜到周令钊碗里。果然，周令钊有着很好的胃口，这样的年纪也不挑食，用方言来说，嘴巴很壮。

“这是好事儿。”尹虎说到。

周令钊听罢开心地点点头，看着周容，好像在说：“我平时都很听话，今天高兴，就不要那么限制了吧。”

周容读懂了父亲眼睛里面的内容，便不再太管束周令钊。大家见周老开心，便也开始放松起来。

“来吧，咱们三个喝一杯，感谢咱们自己一年多的辛苦工作，今天又是一个圆满的仪式，周老也很高兴，皆大欢喜。”尹虎端着红酒杯来到小吕和未洋面前。

“可惜陈龙不在，咱们四个还没一起喝过酒。”小吕面带惋惜。

“咱们替陈龙高兴高兴吧，平时都是我自己喝闷酒，想办法。没机会灌他酒，一雪前‘恨’了。”尹虎将一口红酒一饮而尽。

小吕和未洋也纷纷干杯。

大家相谈甚欢，宴会结束时，外面下起了瓢泼大雨。

车子行驶在去往周老家的环路上，雨刷器快速地扭动着。

“周老您辛苦一天了，在车里休息一会儿吧。”未洋道。

“没事，我不困。”周令钊仍精神地看着窗外熙熙攘攘的车流，窗外的高楼大厦，窗外的市井霓虹。

“还真是的，中午也没午睡，到现在还那么精神。我平时带他出来，他就愿意看着窗外。可惜我也太忙，没有时间总带他散心。”周容关切地看着父亲。

“周老师，听说周老还去滇缅慰问过中国远征军？”未洋又想听故事了。

“是啊，1943 年我父亲跟随抗敌演剧五队从柳州出发，经贵州去云南和缅甸生活、战斗了两年左右，较多的活动在滇缅边境上。那时候父亲画抗日宣传画、搞舞台美术设计，有的时候也客串替补些小角色、还参加抗战歌曲的合唱。作为五队的画家，周令钊、冯法嗣、特伟被派往楚雄前线画战地写生，虽然也几乎身陷险境，但毕竟至今还留下几张当时的写生，曾亲身见证过历史，倍感珍贵。”周容回忆父亲的那段经历，如数家珍。

“那时候周老有……”

“有二十五六岁了。”这段记忆恐怕是周令钊讲给她的，不知讲了多少次，周容早已烂熟于心，记得清楚。

“不几年后周老就受徐悲鸿的邀请来到了北京，并认识了陈老师。”

“对，结婚的时候，我爸爸都 30 岁了。”周容笑道。

“陈老师是周老师的学生。”未洋早把周令钊的爱情故事读了好几遍。

“咦，你怎么知道？”周令钊突然回过头来惊讶道。

“我做过研究了，这在那个年代是很时髦的事情，我觉得您很重感情，与陈老师感情那么好，平时常一起工作，我很羡慕您。”未洋道。

“哦！是啊，她（陈若菊）的身体看起来一直很好，就是走得太早了。” 周令钊看着未洋。

“2011 年他们在北京湖南大厦画《长沙——湘江北去橘子洲头》那幅丙烯壁画时，母亲爬上爬下，很灵活，画那幅壁画时父亲 92 岁，母亲 84 岁。母亲是 2013 年 11 月因心梗骤然离世的，全家人毫无思想准备。”周容回忆。

未洋看出周令钊在说起爱人时候的那种不舍，怕周老难过便绕开话题。

车子慢慢走到了青年路，雨下得大，有些堵车。

“前面是什么建筑？好多吃的。”未洋一看有吃的顿时来了兴致。

“那是个叫达美广场的大厦，之前听说在全世界招美食之商，要将各个国家，各个省市的口味都集合在这一个楼里。”周容常路过这儿。

“但是有两年了，仍没见什么大动静，好像只开了几家。”

“那咱们改天来这里玩玩儿嘛！”周令钊循着女儿的手看着外面。

“好！等忙过了这段时间，我先去探探路。”周容对父亲的请求总难拒绝。也知道父亲喜欢到外面走走，见见新世面。

车子开到家时雨已经小一些了。周令钊慢慢地由姜师傅扶下车，小区至今未修便民道，阿姨和未洋一起扶着他上了十级台阶一步一步走回到家里。

未洋匆匆告别。

回到家的周令钊，坐到了自己的椅子上。女儿关心地问道：

“爸爸，累了吧？”

“还行，不累。”

“您今天去邮票厂，怎么样？”

“很高兴！不一样了，跟以前（比）变化太大了。以前就几个平房，门前都是土路。一进厂门就能听见机器轰隆隆的。那时候机器也没有现在的好。”周令钊努力回忆着几十年前邮票厂的样子。

那个年轻的时代，那段难忘的岁月。

第二十五回

传统行业迎接挑战　新邮主义孕育生机

开机印刷仪式结束，戊戌狗年生肖邮票就进入了真正的印制环节，生肖邮票发行的筹备工作也就正式从邮票发行部门扩展到了全国的邮政公司。

这天，陈龙的办公室迎来了两位老同事。

来人是谁？不是别人，正是尹虎和武马。

三人坐在陈龙办公室的沙发上，以往都是下属给陈龙倒茶，今天，陈龙特意拿出了家人旅游时带回的好茶，恭恭敬敬地给尹虎和武马倒上了一杯。

尹虎连连推辞："陈龙，这怎么好意思，怎么说你都是我领导，我可不好意思占你便宜。"二人相识已久，虽然尹虎比陈龙要小几岁，可是他对陈龙的性格早就摸透，知道陈龙并不计较这个，于是说起话来经常就直来直往"没大没小"的。

陈龙呵呵一乐，说道："今天你们来我办公室，怎么说也是我是主，你是客，给你倒茶不是应该的嘛！况且我们这是三个第四轮生肖的原创团队聚首，没什么领导不领导的，可惜未洋丫头不在，要不人就齐了。”

尹虎和武马都呵呵一乐，想不到当初无意之间组成的一个生肖小团队，到了今天居然也算是发展壮大做出点成绩了。

“这次请到周老师创作生肖狗邮票，尹虎，你是第一大功臣。”

“还好没有辜负您的期望，成功把周老邀约出山，这件事我就不谦虚了，自我感觉办得还是可以的。”尹虎抬抬手中的茶杯，有种以茶代酒先干为敬的意思。

“明年周老就是一百岁了，百岁老人创作生肖邮票，别说在中国了，就是在世界上，都是美谈一桩，尹虎，你这一举载入史册呀！只是……”

“哎，打住，陈龙，我知道你要说什么，你想说，只是这明年的生肖该怎么办？你就让我轻松几天吧，这个事儿咱们回头再议。”尹虎最怕陈龙提这件事，赶忙拉着武马又喝了一杯茶。

“嘿嘿，果然是尹虎，来喝茶喝茶，咱们今天先不聊明年的生肖人选。”

陈龙给尹虎和武马空了的茶杯中添满了水，茶香一时间氤氲在不大的房间内。

“我呀，明年就该退休了，照理来说其实也管不到那么多了。不过我还是不想后任骂我，得给他们把这生肖猪年邮票策划好。”

说好不聊生肖，这陈龙绕个圈子聊的还是生肖。

“你比我大几岁，过不了多少年我也该退休了，不过我就是退休了，我也要搞设计，而且我想画什么就画什么，以后就不听你陈龙的意思了嘿。”尹虎回应陈龙的话题。

“那当然好，不过退休后我找你喝酒。”陈龙打趣道。

“你别老跟我这催生肖邮票的设计人选，我就考虑考虑。”尹虎的话接得也是顺溜。

“我来这接班的时候，还真是感谢我的前几任领导们，他们留下了好多好题材给我，这几年邮票的火热也要归功于这些选题。”

“是呀，这几年，长江、黄河、中国梦系列，都得到了很好的反响。”一直笑着没做声的武马说道。对于邮票选题，他一直有着许多想法。

这几年来，细心的邮迷不难发现，邮票在一点点改变着它的面貌。出现了《中国梦》《图说我们的价值观》这样紧扣时代旋律的邮票选题，也出现了《长江》《黄河》这样形式与内容高度统一的创意邮票，还出现了《拜年》《月圆中秋》《二十四节气》这样与传统市井生活息息相关的系列邮票。陈龙几次三番收到邮迷的来信，这表扬信中提及最多的，就是邮票选题。

选题在变化，设计也在悄然变化。别看陈龙找到了年近百岁的周令钊，这是他心中作为压轴的老前辈级别艺术家，其实他也看重那些初出茅庐的新秀。就像年轻有为的画家李云中，香港的知名设计师韩秉华，初尝邮票设计的插画师邹庆，小学教材的插图画作者景绍宗，还有许多许多新鲜的设计血液，陈龙常对尹虎他们说，中国邮票的面貌就是这些“70后”“80后”甚至“90后”后设计师悄然改变着的，即使一开始邮迷们会对新的风格褒贬不一，但这件事一定要坚持，而且还要长期坚持。

陈龙、尹虎和武马三人越说越兴起，茶水都已经换过一壶。

见气氛颇为轻松，武马突然有了神来一笔：“领导，您说咱们这算不算是有点‘煮茶论英雄’的意思。”

“嘿，煮茶论英雄，这个说法好，周令钊、黄永玉、韩美林，第四轮生肖邮票的前三个设计者个顶个都能称得上美术界的英雄人物。”尹虎赞赏地对武马说。

“不只他们，其实为我们设计邮票的设计师，不管年轻的，还是经验丰富的，哪个不是经受了各种各样的考验，承担了各种压力，对于邮票行业来说，都是英雄，都是明星。”

倒不是他们自我感觉良好，只是他们亲眼见证了过去几年一个邮票“大时代”的到来，身处于这浪潮之中的人，谁不都有点逐鹿天下，舍我其谁的感触。

可是水至清则无鱼，陈龙他们都太有经验了，在邮票这个领域里，一个好的时代来临，就意味着随之而来的危机。

陈龙搁下手中的茶杯，点了一根烟：

“不过，咱们还没有资本骄傲。生于忧患，死于安乐，咱们的邮票还是充满着隐患。这头一个隐患，就是邮市。”

尹虎皱了皱眉，他虽然是专职搞设计的，可这邮市的变化在这个行业里的人没有一个人能躲得过。

“几十年来邮市也是起起伏伏，可像这一年经历的波折还是比较少见。这邮币卡电子盘出现了许多逐利而来的人，也就有了许多想要不劳而获的跟风者，现在政府整顿电子盘，其实长远来看，是对咱们邮票有益的事情，只有市场规范了，邮票的经营才能常态化。但是这个过程，对我们来说一定是痛苦的。”

陈龙说的这个事情，武马也有耳闻，几年前他身边玩电子盘的人不少，那热情就跟今天大家买房的热情没有两样，可到了这一两年，那些天天盯着电子盘走势图的人忽然就都不再提到电子盘了，他大概也知道，这电子盘怕是出了些问题。

“这第二个隐患，是互联网。”陈龙继续说道。

这个话题倒有些新鲜，互联网怎么就成了邮票的隐患了，武马接触到的信息多，心里已经明了，尹虎则有些困惑地看着陈龙。

“互联网发展得太快了，如今已经很少有人再提笔写信，这个事实我们也早就接受了。可是你就看看吧，这只是一个开始，今天那些年轻人几乎连人民币都不再使用了。走到哪里都是拿个手机，这里刷一下，那里刷一下，也许呀要不了多久，也会影响到邮票的使用。”

陈龙说着有些忧愁地又深吸了几口烟。

尹虎赞同地点点头，前一阵子，造币总公司的雕刻师马荣老师去印制局研讨生肖雕刻的事情，也说起过这件事，言谈之间也满满是对过去纸币上精美雕刻工艺的流失感到忧心。2002 年欧元正式取代欧盟成员国其他流通货币的时候，对于绝大多数的人来说只是一个经济事件，但是对于那些一生以雕刻为业的“大国工匠”们来说，却是一次致命的打击。从此欧洲十九个国家十九种色彩斑斓、精美绝伦的工艺品就成为了博物馆里陈列的一页彩纸，再也没有了使用价值。这就意味着，那些票面上的雕刻工艺会一点一点被历史掩埋，直到不再有人记得他们。

“互联网对生活的改变快得你都来不及抵抗，我们这些‘老人家’是再也无法想象未来还会发生哪些不可思议的变化。”

陈龙摆弄了一下桌上的手机，几年前他甚至连智能手机都不愿意买，现在要是哪天没带着这玩意儿在身边，他就像三魂丢了七魄——闹心。

“第一个隐患是邮市，这个可以说是行业因素；第二个隐患是互联网，这就算是时代因素吧，那么第三个隐患是什么？”尹虎琢磨了一会儿互联网的事情，就觉得陈龙的这些想法大概由来已久，不禁更加好奇他后面的结论。

“第三个隐患，是邮迷。”接话的是武马。

陈龙倒真是没有料到，武马和他的想法不谋而合。

“为什么说邮迷也是一大隐患，咱们算是一踏上工作岗位就入了邮票这一行的人，也算跟着邮票一起成长了。我和尹虎年纪大一些，咱俩都什么年纪了，再看看那些彻夜排队买邮票的邮迷朋友们，都比咱们俩还要年长。”陈龙接着武马的说法继续说道。

“陈龙，我明白你的意思了，有那些咱们的前辈们爱邮票，这是邮票的幸运，那些人是衷心地热爱邮票文化的，咱们都见过；但也是危机，如今爱邮票、懂邮票还愿意玩邮票的年轻人太少了。”尹虎明白了两人的意思。

“是的，这是邮票行业最大的隐患。就这三个隐患，恐怕在我手里是无法解决了。不过，我希望能给后面接班的年轻人们打点基础。这基础要打下了，我也就能安安心心地退休过我闲云野鹤的生活喽。”陈龙摆了摆手，意思似乎是就要跟这个行业说再见了。

“那以你的看法，邮票的希望和未来在哪儿？”听了陈龙的话，尹虎也染上了些许忧愁，其实这些年这些事他也不是没看在眼里，只是向来专注于艺术工作的他，对于那些经营上的事情既不了解，也不愿意了解。

“前些日子，我给集邮媒体写了篇文章，叫作《吹响‘新集邮主义’号角》。”陈龙看了看尹虎，从书堆中翻出了一张报纸。

“新集邮主义？”这陈龙突然跳转了话题，尹虎有些摸不着头脑。

“对，新集邮主义，这所谓的‘新集邮主义’其实就是两个字，这两个字就是邮票的生机和未来。”

尹虎赶忙放下手中的杯子，明知道他着急，陈龙还在卖关子：“究竟是哪两个字？”

“文化。”

“文化？”

“对，文化。今天的电影、音乐、新媒体，为什么能有那么广泛的受众？其实也是这文化两个字。在任何一个时代，都有一个时代的文化特性，无论是物质富足还是物质贫乏的年代，人都需要文化来编织一个又一个的故事，没有故事人们就没有了生活的乐趣。所以，邮票也是一样，要讲好邮票的故事，这背后借助的就是文化的力量。”

“就是用邮票讲好中国人自己的故事喽。”

“就是这个意思！”陈龙举起手臂在空中挥舞了一下，仿佛是展示自己的决心：

“比如为什么大家喜欢生肖呀？难道喜欢的是猴子、狗、猪这些动物吗？大家喜欢的是生肖背后那种文化认同。我属马，就用一只生肖马来象征我自己，是因为我相信了这个生肖的故事，我认同故事背后的那种价值观。再比如我们为什么发行《儿童游戏》，难道谁小时候还没玩过游戏吗？因为它是一个时代的集体回忆，是我们两个并没参与过对方童年的人在看到这套邮票时突然有了共同的相似的想象，这个想象把我们拉到了一起。这就是文化。”

陈龙说着有些激动，他踱步到窗边看着形形色色的人仿佛有些遥远而渺小地从他眼前穿过。

“这就是我想到的，邮票的挑战和机遇。”

陈龙不再言语，尹虎和武马也不再言语，三人的心中都是说不出的心潮澎湃。他们不约而同地想到了这几十年在邮票这个行业里所见到的风风雨雨。从众人追捧到走向沉寂，从鲜有问津到门庭若市，这个圈子里来来去去了许多人，这条线上的模式、工业、技术也有了天翻地覆的变化。唯一留下的，就是那些至今依然鲜活的邮票，就像一种历史，被时间善待，把这几十年甚至上百年中国的故事留给了后来的人。

后记

这本《百岁贺旺年》成书后，作者邀我写个“后记”。一开始，我本不想写，但考虑了一下，决定还是写一个吧，毕竟和两位作者是多年的同事。

记得年初，去国家博物馆参加《猴年过后是鸡年》一书的签字活动，就有邮迷问我，这套集邮丛书还会继续写下去吗？

其实这个问题，我曾经内心挣扎过多次——写、不写，不写、写，也就这两种可能。怎么说呢？因为我始终觉得写这玩意，还是有点成就感的。因为出版社的刘劲总编曾经告诉过我，集邮文化丛书发行过四本，在他们出版社的畅销排行榜上已经列前三甲了，每本都能卖上万册，甚至有两本书销量超过 3 万册，这是畅销书的水准了！

几万册？有意思吧？说实话，有点意思！

这说明集邮者喜欢，不是吗？

这样看来就没有理由不写下去了，不过思前想后，我还是找了个理由拒绝了。毕竟自己明年年底就要退休了，毕竟自己渐渐老了，失去激情了，写了几本之后，写作的风格也被读者厌烦了，于是提醒自己，不能再写了，该住手了，收笔也是一种态度。

可是集邮者喜欢，怎么办？还是把机会留给年轻人吧！

找谁写呢？想来想去，觉得同事王静、肖鹭珊两位同事有写小说的潜质和潜力，我平日发现，她们的文笔比我要好，遣词造句的能力比我还强。

同她们谈过后，两人开始略显犹豫。我就鼓励她们，不妨试试，别拿写作当负担，想写的时候，随心所欲地写，不想写的时候，随心所欲地停。

让我感动的是，两人欣然接受了“任务”，我知道她们不好驳我的面子是一方面，但主要是她们心里装着集邮者，知道集邮者需要这样的精神食粮。

半年来，两人每天都写，没有一天疏忽，即使在繁忙的工作之余，也从未懈怠过。

时隔不久，两人写好的作品就摆在了我的案头，我相信我是这本书的第一位读者。

《百岁贺旺年》是两位作者对自己一年邮票选题、设计、发行工作的一个交代、总结，一次写作的尝试。

从小说的角度，也许她们的文笔、写作手法可谓稚嫩，但对于内容、素材的筛选，她们是尽心尽力的。书中的内容都与她们年轻的生命交织在一起，她们是用心感受一年中邮票发行的风景、邮票发行中涉及的人与事，用心体验着邮票发行中滴滴感受。她们试图通过这部作品去表达对邮票的喜与爱，并希望能分享给邮迷们！

读过后，这本书打动了我，她们第一次写作就能达到这个程度，令我深感欣慰，也颇出乎我的预料。在此，我要对两位年轻的作者表示祝贺。

以上就是与本书有关的一些琐忆，权作后记——也许这是本套集邮文化丛书中最为流水账式的后记吧！

汪嵩

2017 年 9 月 18 日